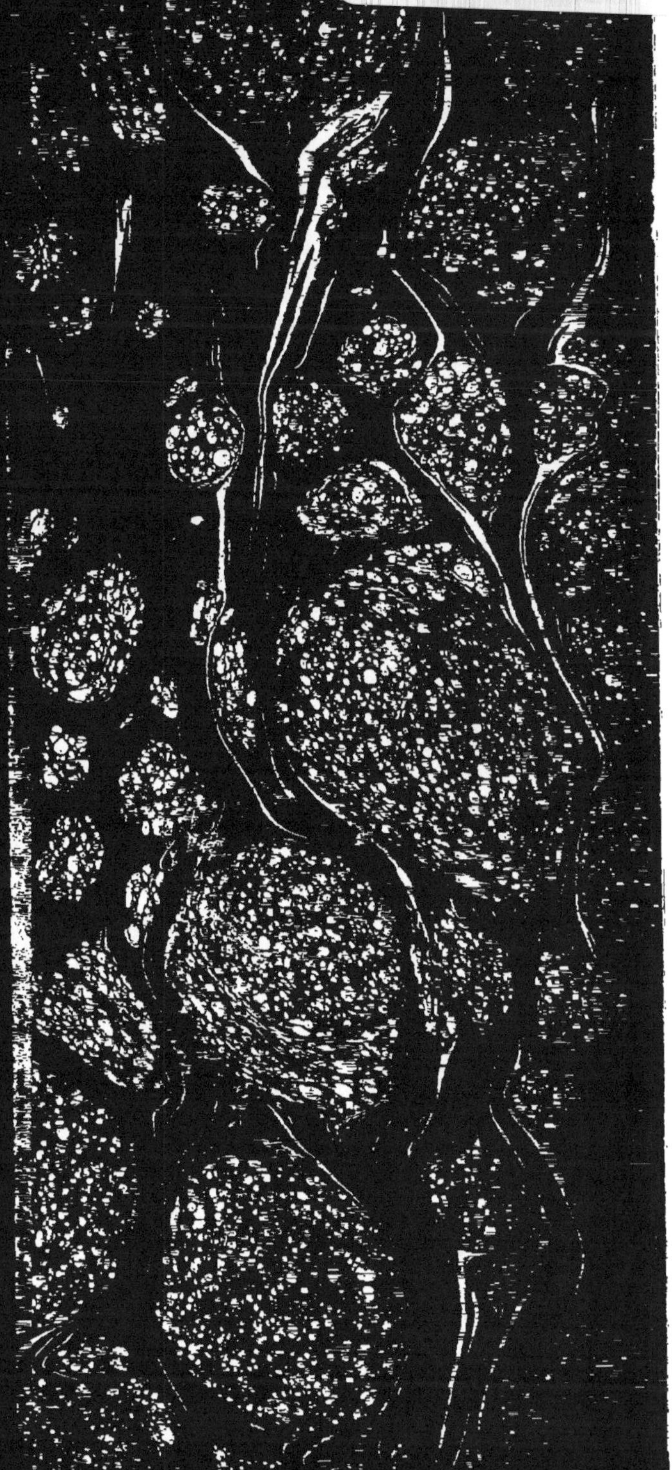

DE L'ARRIÈRE A L'AVANT

CHARLES CHENU

ANCIEN BATONNIER

DE L'ARRIÈRE A L'AVANT

CHRONIQUE DE LA GUERRE

(OCTOBRE 1914 - DÉCEMBRE 1915)

PARIS
LIBRAIRIE PLON
PLON-NOURRIT ET Cie, IMPRIMEURS-ÉDITEURS
8, RUE GARANCIÈRE — 6^e

1916
Tous droits réservés

Droits de reproduction et de traduction
réservés pour tous pays.

A MES FILS

AVANT-PROPOS

On ne trouvera dans ces notes rien qui prétende ni à la stratégie, ni à la diplomatie, ni aux enseignements de l'histoire, ni à la critique militaire. Il me plairait que personne n'y crût rencontrer des efforts de littérature.

Contraint à n'être que le spectateur du grand drame où se joue la vie de mon pays, j'ai regardé et écouté. J'ai regardé en moi et autour de moi ; j'ai écouté les voix qui s'élevaient à proximité de mes oreilles et, avec une attention plus soutenue et presque religieuse, les voix lointaines et chères qui m'arrivaient de la ligne de feu. Au jour le jour, j'ai noté.

IV — DE L'ARRIÈRE A L'AVANT

J'ai dit mes impressions, mes espérances ; je n'ai pas parlé de mes craintes. N'en aurais-je pas eu ? Il serait aujourd'hui puéril de le nier. J'ai vécu des jours et des nuits d'angoisse, quand le flot de l'invasion a atteint et franchi notre frontière. J'ai eu l'impiété de mettre alors en doute les destinées de la Patrie. J'ai imposé le silence à ma souffrance, mais j'ai cru qu'elle me dévorerait. J'ai été pendant une semaine l'homme de peu de foi, et j'en rougis encore.

Mais aussi quand, en même temps, j'ai senti se desserrer autour de nos armées l'étreinte de l'ennemi, autour de mon cœur l'étau qui le broyait, quel soulagement ! Quand ces troupes merveilleuses, harassées et humiliées par la retraite, se sont, au signe du chef, arrêtées dans leur recul pour bondir en avant de tout l'élan de leurs jarrets retrouvés, quel frémissement de résurrection !

Se peut-il qu'une minute suffise parfois

à transformer tout l'être, à le redresser, à l'enlever de terre dans une apothéose de rêve, dans des transports d'orgueil et de joie? Oui : car cette minute, je l'ai connue.

10 septembre 1914. — Six heures du soir. Boulevard de la Madeleine. Une affluence de promeneurs dont le visage est détendu et l'allure allégée. Tout à coup, on court, on gagne la chaussée, une double haie se forme instantanément, comme au passage d'un cortège attendu. Qu'est-ce donc? C'est une auto, grise de poussière et de boue, qui vient, qui passe à toute vitesse. Quatre soldats l'occupent; et au-dessus de leurs têtes, claquant au vent, un drapeau fait miroiter ses plis de soie. Ce ne sont pas les trois couleurs. Ce n'est pas un drapeau de France. J'ose dire, ô blasphème! que c'est mieux. C'est un drapeau allemand, aigle noir sur soie blanche, que les nôtres ont pris. Je l'ai avec mille autres acclamé. Les chapeaux, le mien compris, ont volé en l'air. C'est que pour les heureux spectateurs de cette scène ce drapeau ennemi était l'emblème visible et certain de la délivrance. On ne prend pas de drapeaux quand on bat en retraite. C'est l'envahisseur qui reculait. Paris était sauvé. Jusqu'où l'invasion reculerait-elle? Où, pour combien de temps, s'accrocherait-elle au sol de la Patrie? Il n'importait. Après un tel péril, suivi d'un tel prodige, l'horizon était à jamais rendu à la clarté. La France ne périrait pas, la France serait délivrée, la France aurait la victoire. Plus jamais je n'en ai douté.

C'est à ce moment que M. Arthur Meyer me glissait un papier sous la main, une plume entre les doigts et m'offrait les colonnes du Gaulois pour des chroniques dont il me laissait l'entière liberté de déterminer les sujets et l'intermittence. Je résistai d'abord, j'y pris goût ensuite. Ainsi se succédèrent les articles réunis dans ce volume.

AVANT-PROPOS

Telle n'était point leur destinée; celle-ci pourra paraître excessive.

Mon intention a été de fixer, en les rapprochant, les étapes par lesquelles ont pu passer nos sentiments, nos idées et nos préoccupations au cours de cette longue année de guerre. J'ai pensé que la plupart de mes lecteurs s'y pourraient reconnaître, accepteraient la définition qui s'en dégage du devoir national pour ceux qui n'ont pas eu et n'auront pas l'honneur de porter les armes, et s'associeraient à quelques-unes des aspirations que j'ai exprimées en faveur d'une France régénérée par l'épreuve, la souffrance et la victoire.

J'aurais pu revoir et corriger ces improvisations souvent hâtives et m'inspirer des événements accomplis pour en modifier le texte. J'aurais ainsi pu relever des erreurs, amender des illusions sur les faits ou sur les hommes et m'attribuer la facile clairvoyance de ceux qui pronostiquent le passé. Je m'en suis abstenu par probité.

Il faut d'une part que chacun soit assuré de trouver ici dans leur formule première les impressions que j'ai notées à leur heure, ou les critiques que je me suis permises.

Si, par ailleurs, pour quelques-unes des initiatives que j'ai pu prendre sur certains sujets et qui ont été par la suite consacrées et appliquées, un lecteur curieux avait le souci de trancher la frivole question de priorité, il faut qu'il ait la certitude que les éléments du problème lui sont ici fournis avec une rigoureuse exactitude de dates et de texte. En des matières qui intéressent le salut national, il n'importe au pays que tel précède et que tel autre suive, et la vanité d'auteur serait haïssable. Ce n'est pas y tomber que se défendre d'avoir pillé autrui.

C. C.

DE L'ARRIÈRE A L'AVANT

HÉROS MANQUÉ

16 septembre 1914.

J'en prends mal mon parti, mais il faut m'y résigner : je ne suis pas un héros.

J'ai vécu pourtant quelques heures dans cette illusion.

Quand, au début du mois, les mots d'investissement et de siège commencèrent de circuler avec insistance, je crus tout simple de rentrer à Paris et j'en pris le chemin. Je me trouvai aussitôt en nombreuse compagnie. La route de Chartres, que je parcourais, offrait le spectacle d'un défilé ininterrompu d'automobiles, dont la mienne se distinguait par deux particularités. Toutes les voitures avaient un drapeau, le plus souvent avec la croix rouge, et je n'en avais pas. Toutes tournaient le dos à Paris, où je rentrais. Je me sentais déjà fier de me singulariser.

Une fois dans l'enceinte parisienne, ce fut bien autre chose. Les journaux m'apprirent que le séjour à Paris constituait à lui seul un acte d'héroïsme. Je conservais des doutes. Si, en effet, j'avais constaté, en rouvrant mes fenêtres, que la plupart des volets de ma rue étaient clos, comme d'ordinaire en cette saison, je voyais les concierges échanger sur le pas des portes des propos qui semblaient sans émoi.

Dans la journée, je me rendis au Palais. Les galeries avaient leur aspect de vacances. Pas tout à fait cependant. Plus d'avocats que d'habitude en cette période, quelques-uns ayant remplacé la robe par la veste kaki ou la vareuse d'uniforme. Je frappai au cabinet du bâtonnier, sûr de trouver celui que je cherchais. Nul plus que le bâtonnier n'a besoin de deux mois de repos. Mais mon ami Henri Robert n'est pas de ceux à qui on enseigne leurs devoirs. Où il fallait qu'il fût, il était. Son cabinet était transformé en quartier général. Chacun y apportait ses pronostics et ses idées tactiques. En promenant le doigt sur une carte imaginaire, l'un indiquait le mouvement enveloppant qui compromettait notre aile gauche, et il concluait à l'imminence du péril; mais comme un autre, en traçant des lignes en sens contraire, affirmait que l'enveloppant allait devenir l'enveloppé, les deux opinions se balançaient, et nous nous quittions sans croire encore à la proximité pour nous des heures héroïques.

Alors j'allai flâner. J'arrive place Pereire, où je trouve une foule agitée et tous les nez en l'air. C'était l'heure de la quotidienne visite du Taube. Les femmes et les enfants plus divertis qu'émus. Des coups de fusil secs partant on ne sait d'où et qui me paraissaient constituer le principal danger de l'exhibition ; car, par une loi physique depuis longtemps vérifiée, une balle tirée en l'air n'y reste pas et retombe quelque part. On eût bien étonné cette foule en lui parlant de son héroïsme. Et même, une automobile passant à toute vitesse, quelqu'un ayant crié au soldat qui s'y trouvait : « Tire donc ! » et celui-ci ayant répondu : « Il est trop haut, navet ! », ce fut un éclat de rire général, et, témoin de cette bonne humeur, j'en conclus que les journaux dramatisaient plus que leurs lecteurs. L'heure des héroïsmes n'avait pas encore sonné.

Mais, le 3 septembre, je crus un instant qu'elle était venue. J'apprends le départ du gouvernement et du Parlement. Je me précipite pour interroger la rue et recueillir ses impressions. Qu'y vais-je trouver? Consternation ou exaltation? Ni l'une ni l'autre. Rien n'est changé. La vie parisienne continue : les propos se tiennent à voix ni plus haute ni plus basse, et je vois chez la fruitière que le prix des pommes de terre reste à trois sous la livre. J'ai compris qu'une compensation s'était opérée dans l'esprit de chacun. Perdre en une nuit ses députés, ses sénateurs et ses ministres : c'est triste. Mais garder Galliéni : ceci console de cela.

Ainsi vint la Grande Semaine : celle qui, sans doute, dans notre glorieuse histoire, effacera par comparaison toutes les gloires dont la France est riche et fière.

Maintenant, c'est fait. Parisiens fidèles, vous ne fûtes pas en septembre 1914 des héros, et les chances de l'être s'éloignent à l'allure des armées allemandes en retraite. La sécurité, pour laquelle vous n'avez jamais voulu rien craindre, semble bien vous être définitivement rendue. Déjà, de son regard aigu, Maurice Barrès a aperçu dans le ciel de Paris le sillage avisé des deux hirondelles ministérielles venues à la découverte : elles diront à leurs compagnes que rien n'altère plus la sérénité de notre atmosphère, que seulement les visages des hommes sont moins tendus, les regards des femmes plus souriants, les jeux des enfants plus libres.

Un grand chef, commandant à des soldats capables d'entendre et d'exécuter cet ordre : « Faites-vous tuer, mais ne reculez pas », nous a valu cette tranquillité.

Dux nobis hæc otia fecit

si l'on peut déformer un texte.

Les voilà, les héros ; je n'en sais pas d'autres.

S'il est vrai, comme l'écrit le généralissime, qui doit le savoir, que nous devons cette armée au gouvernement de la République qui ne lui aurait jamais marchandé ni les encouragements, ni les égards, ni les crédits nécessaires, veuille le *Gaulois* lui faire parvenir nos compliments et notre reconnaissance.

Et comme on rentre à Paris, je crois que je vais repartir pour la campagne.

(Le Gaulois.)

PETITE FLEUR

22 septembre 1914.

C'est une toute petite pâquerette des champs que rien ne distingue de celles qui foisonnent dans les chaumes après la moisson, comme les coquelicots dans les blés en été ou les liserons dans les bois au printemps.

Cependant, son possesseur ne l'échangerait pas contre la plus somptueuse orchidée.

Est-ce donc à sa fraîcheur qu'elle doit son prix ou à la main qui l'a cueillie? Non plus.

Elle est toute desséchée et flétrie; son petit cœur jaune a perdu ses reflets d'or, ses pétales blancs sont à demi arrachés, sa tige est si amincie qu'elle est près de se briser. Et ce n'est pas un souvenir d'amour.

C'est pour lui-même qu'un de nos troupiers l'a cueillie.

Mais s'il y tient, c'est que la petite fleur est son butin de guerre.

« Je joins à ma lettre, écrit-il, la première marguerite que j'ai cueillie *en Alsace,* le fusil à la bretelle, voici déjà quelques semaines. D'ici peu, nos troupes en feront de plus amples moissons. Hâtez-vous de l'encadrer, avant que le modèle en devienne banal. »

Je l'ai là entre les doigts, la fleurette d'Alsace. Elle est sans odeur et je lui trouve un parfum délicieux. S'il suffisait d'une larme pour lui restituer la vie, je sens que mes yeux seraient tout près de la fournir. C'est que je la suis dans son trajet depuis le moment où elle a quitté le sol alsacien jusqu'à son arrivée dans notre Paris.

Elle a fait les longues marches sous le dur soleil d'août; elle a vu s'aligner le soir les faisceaux du bivouac; elle a, un jour de bataille, heurté le sol rougi où son soldat venait de tomber; elle fut, à elle toute seule, le bouquet installé au chevet d'un lit d'ambulance et sur lequel se sont reposés les yeux d'un blessé; et quand elle eut accompli sa mission consolatrice, elle s'est, à la lente allure des lettres venues du front, mise en route pour Paris. Elle est au but, elle est en sûreté. *Ils* ne l'auront pas.

Vous vous rappelez la cocarde de Déroulède :

> Le sang l'a bien un peu rougie,
> La poudre bien un peu noircie,
> Mais elle est encore bien jolie!

Ainsi la fleur.

Et, silencieusement, elle raconte l'histoire des deux races.

Chacune des deux armées a ses pillards; mais c'est par le genre de leurs butins qu'ils diffèrent.

« C'est pour votre bien-être que vous

combattez », a-t-on dit aux Allemands. Ils ont entendu, compris, exécuté. Pour assurer leur bien-être immédiat, ils ont pillé les fermes, mis à sac les maisons, dévalisé les caves et, par passe-temps, démoli les cathédrales. L'idéal leur est fermé, la beauté les offense, et, dans leur prurit dévastateur et sacrilège, ils offrent en holocauste à leurs sinistres idoles les ruines et les cendres des monuments élevés par le génie de l'homme à la gloire de Dieu.

Aux nôtres, il n'était pas besoin de donner des raisons, ni de dire pour qui et pour quoi ils offraient leurs vies. Ils le savaient. Ils s'étaient croisés pour aller en Terre-Sainte et, dès qu'ils y eurent fait leurs premiers pas, ils ont assuré leur butin. Ils ont avec piété pillé les fleurs des champs.

La prise est bonne, si elle est modeste. Elle n'ira pas aux Invalides pour y rejoindre les glorieux trophées, la fleur d'Alsace. Mais, échappée au tumulte des batailles, elle resplendira dans son cadre, la fleur cueillie par le soldat, quand la France aura repris la terre où sont demeurées ses racines.

(Le Gaulois.)

LE MAL D'ATTENTE

28 septembre 1914.

C'est un mal dont cette guerre nous a révélé la souffrance aiguë et la variété infinie. Pendant que nos soldats sont tout à l'action, nous sommes tout à l'attente.

Il faut distinguer.

Il y a des attentes inéluctables : nous les supportons avec résignation. Nous ne prétendons pas devancer les événements. Nous savons attendre l'heure des communiqués, et si l'un d'eux est muet ou obscur, nous en admettons la raison supérieure. L'attente nous est alors le mal nécessaire.

Mais il est des attentes qui nous sont moins supportables, qui mettent à l'épreuve notre esprit de discipline, qui nous infligent une irritante douleur parce qu'elles ne nous semblent pas obligatoires.

Combien de fois s'échange par jour, dans nos rues de Paris, ce dialogue entre deux amis qui se rencontrent :

— Et votre fils ?

— Je ne sais pas. Aucune nouvelle depuis trois semaines. Mais le vôtre ?

— Je ne sais pas. Sa dernière lettre est du mois d'août.

Et on se quitte, avec ce mouvement arrondi des épaules auxquelles est imposé le poids d'un fardeau trop lourd et qui plient.

Plaintes inutiles, plaintes importunes. L'amélioration n'est pas venue, au contraire, et depuis que les lettres se font à l'égal des grands crus étamper à Bordeaux, les retards s'aggravent. Mais voici que M. le ministre des postes et télégraphes est revenu et que le régime heureux des ministères inoccupés, l'intérim, a cessé pour les P. T. T. Attendons.

Soyons justes. Une autre forme de l'attente, dont j'ai été le témoin, m'avait profondément ému. Il y a été porté remède.

N'étant bon à rien (et je vous prie de croire qu'on ne me l'a pas envoyé dire), je trompe comme je peux mes propres attentes. J'ai visité des ambulances, une surtout, et deux fois à quinze jours de distance. Un modèle, un asile de repos et de paix. Du soleil à pleines croisées, de l'air à profusion. Une symphonie de draps blancs et de peintures blanches. Une installation irréprochable depuis la salle d'opérations jusqu'aux cuisines, en passant par les baignoires. Ma visite, guidée par une infirmière dont nulle ombre factice n'obscurcissait le clair regard et dont nul carmin n'avivait les lèvres, une qui savait son métier, dont les mains étaient expertes à manier la bande de pansement, chez qui on devinait des réserves d'habileté au service des souffrances physiques et des réserves de dévouement au service des détresses du cœur.

Elle attendait, et avec elle les éminents praticiens attachés à son ambulance. Elle attendait, devant les lits vides, les blessés qui s'y pourraient étendre ; et cela me chagrinait, ce dévouement offert et qui ne s'employait pas, quand pour nos blessés cet emploi était si riche de belles promesses.

Cette attente a cessé. Les blessés sont venus. Tous, nous devons nous en louer. Une inquiétude poignante est dissipée. On avait craint je ne sais quel conflit dont l'enjeu aurait été terrible. C'était un malentendu. Il n'y avait pas rivalité ; il n'y avait qu'émulation. Nos blessés n'attendront pas.

Soyons plus justes encore.

Il y a des services qui ne chôment pas et où le mal d'attente ne s'est pas fait sentir. C'est le *Journal officiel* qui, de Bordeaux, m'en apporte la preuve. J'y relève, aux dates toutes récentes des 20 et 21 septembre, une série de décrets attribuant à des départements et à des communes des biens ecclésiastiques ayant appartenu à des fabriques et à des évêchés. J'ai cru que le hasard avait fait tomber sous ma main des numéros de l'an dernier. Mais non; je vous affirme sur l'honneur que la date est bien : septembre 1914. Voilà, cette fois, des services qui fonctionnent jusqu'au paradoxe, jusqu'à l'anachronisme.

Heureuses communes, heureux départements qui pouvaient attendre et qui n'attendent pas!

Vous voyez qu'on n'oublie rien et qu'on n'attend pas à Bordeaux.

(Le Gaulois.)

RENTRÉE JUDICIAIRE

3 octobre 1914.

Au jour dit, à l'heure fixée, suivant le cérémonial accoutumé, la rentrée judiciaire a eu lieu. C'est très bien. Il faut conserver à la vie nationale son fonctionnement ou du moins en garder les apparences. Derrière l'inexpugnable rempart fait de la poitrine de nos enfants, chacun doit être à son poste. Devoir facile, dont l'accomplissement ne mérite pas une louange, dont la méconnaissance serait une désertion.

Chacun est donc venu reprendre la robe, ou rouge ou noire. On a tristement compté les vides que les jeunes ont laissés (combien déjà pour toujours!); les anciens ont serré les rangs, et l'on s'est retrouvé sous le plafond somptueux de la première chambre de la Cour.

Une phrase toute faite s'échange traditionnellement entre avocats qui se revoient au Palais, après ces deux mois d'absence. « Avez-vous passé de bonnes vacances? » Elle ne s'est pas dite hier. Des vacances! Qui donc en a eu? Qui donc a pu, l'esprit libre, goûter la douceur des soirs d'août et ouvrir ses poumons élargis à l'air frais et léger de septembre?

Il n'y a pas eu, il ne pouvait pas y avoir de vacances. Je crois bien qu'en dépit de la cérémonie d'hier, les audiences seront courtes et rares, qu'on trouvera les magistrats et les avocats plus souvent penchés sur la carte d'Europe que sur les pièces de procédure. Querelles d'argent, querelles de ménage, querelles d'amour-propre, comme elles paraissent petites, quand on compare! La guerre sera la trêve des plaideurs. Après, on verra.

Que verra-t-on? C'est la question que je me posais pendant cette audience solennelle, où se sont dites sobrement les paroles nécessaires d'hommage à nos soldats et de confiance en nos destinées. Je ramenais aux proportions de l'orbite modeste où je me meus depuis plus de trente ans la question de l'avenir de la France victorieuse; je me demandais ce que serait la justice française après la victoire.

La réponse est dans toutes les consciences droites. La justice ne sera plus et ne peut pas rester ce qu'elle était devenue. Elle devra participer au relèvement attendu; elle devra, dans le sang versé, laver et guérir ses plaies, si profondes et si vives qu'elle était près d'en mourir. Elle avait compromis son prestige et son renom. Personne ne peut le nier et chacun sait pourquoi. La politique s'était emparée d'elle, avait triomphé des résistances et des révoltes individuelles, l'avait réduite en servitude, était sur le point de l'étouffer.

Ce fut d'abord un travail sournois et inavoué. Ce fut, de la part des plaideurs, la recherche discrète de l'influence. Ce fut, favorisée par quelques grands talents, la montée des avocats à qui le justiciable demandait, plus encore que le concours de leur expérience et de leur parole, l'appui de leur situation politique, de leur parenté politique, de leurs intimités politiques. Les magistrats, au moins certains d'entre eux, s'abandonnant au courant qu'il eût fallu remonter, témoignant par les mesures d'ordre intérieur, par leurs égards particuliers, par l'accueil prolongé de leurs cabinets, une complaisance et une faveur trop accusées. La politique alors s'enhardissant, renonçant au système de l'infiltration, pratiquant l'action directe, substituant les ordres aux suggestions et affirmant sa domination comme un droit et un devoir de gouvernement.

Les effets suivirent les causes dans leurs évolutions. L'indépendance conservant ses disciples, auxquels on marquait cette considération, un peu ironique, un peu compatissante, qu'on accorde aux innocences attardées. Tous les plaideurs — je dis bien : tous — cherchant le succès dans la démarche et la recommandation, ne croyant plus à la sincérité des audiences publiques et entreprenant dans les couloirs l'assaut des consciences. La déconsidération gagnant chaque jour du terrain et procédant enfin par bonds impétueux. La base de l'édifice sapée, les fissures et les lézardes gagnant le gros œuvre, la façade conservée à grand'peine, jusqu'au jour récent où, dans un grand fracas, elle s'écroula elle-même sans que les gardiens de l'édifice eussent rien tenté pour sa défense.

Une phrase tristement fameuse « Il n'y a plus de justice en France » fut répétée, comme l'expression de la croyance universelle, et l'on pouvait se demander si ce ne serait pas bientôt l'expression de la vérité.

C'est un grand péril que je crois désormais conjuré. La rénovation s'étendra à la justice. Et voyez! Dès maintenant il faut bien qu'il y ait quelque chose de changé, puisque cette peine et cette humiliation dont souffrent depuis vingt ans les serviteurs du droit, j'ose pour la première fois aujourd'hui en libérer mon cœur.

(Le Gaulois.)

LE FRICOTEUR

12 octobre 1914.

Jeunes ou vieux, vous l'avez tous connu au régiment, si vous avez fait votre service militaire. Il était mal noté au quartier. De belle tenue, mais avec plus de fantaisie que d'ordonnance, le képi incliné sur l'oreille et traînant un peu le sabre, possédant tous les trucs pour échapper aux corvées et aux classes, sauteur de murs et de bat-flanc, ayant en ville des histoires, surveillé de près par l'adjudant de semaine, mais rarement pris, collectionnant au folio de punitions les jours de consigne, de salle de police et de prison avec des motifs de choix. Au demeurant, bon ou mauvais soldat ? On ne savait pas.

On sait maintenant.

Je viens d'avoir de ses nouvelles. C'est lui du moins, tel que je l'ai connu, que je retrouve dans des notes qui me sont envoyées de la ligne de feu et que je transcris presque textuellement.

Il est éclaireur au Xe régiment d'artillerie.

Parisien, ou plutôt Parigot. Une tête drôle, le nez en l'air, les yeux rieurs, la lèvre rasée, un physique accompli de café-concert. Il s'est présenté au corps avec un képi dont la visière était en son milieu cassée sur les yeux, avec des molletières de drap gris, des éperons nickelés énormes empruntés à la défroque de d'Artagnan au théâtre Montparnasse et une lorgnette sur l'épaule. Autant de sacrifices à la fantaisie. Mais c'est tout ce qui reste du passé. Pour le surplus, il s'est découvert l'âme militaire. Il est sur la route la joie et l'entrain de la batterie, improvisant des chansons sur les derniers airs du caf'conc'. Son salut au passage des chefs est impeccable et il a pour joindre les talons un mouvement sec qui fait sonner ses grands éperons. Il a baptisé son cheval Kronprinz, sans doute pour avoir le droit de lui parler sans égards et de lui faire sentir la botte de plus près.

Et le voici au feu. Il garde le sourire, il a la blague, il fait des mots. Ses reconnaissances sont d'une déconcertante audace. Il est tout : éclaireur à pied, éclaireur à cheval, agent de liaison. Une ferme suspecte est proche. Il part la reconnaître en se défilant. Dès qu'il est trop en vue, il met pied à terre et attache Kronprinz invisible derrière un pan de mur. Il rampe jusqu'à la ferme. Des coups de fusil. Il reparaît avec le fusil et le casque d'un Boche qu'il a tué. Il revient à Kronprinz, qu'il enfourche, et comme le cheval, sous la fusillade qui éclate alors, a pris le galop, il l'arrête, le met au pas, jette sur l'encolure les rênes abandonnées, enfonce les mains dans ses poches et rejoint la tranchée en sifflotant la dernière de Dranem. Les camarades le portent en triomphe.

On l'a nommé brigadier : on l'a nommé maréchal des logis. On l'a cité à l'ordre du jour du corps d'armée.

Un jour cependant on l'a vu avec deux camarades se replier vers l'arrière : on ne comprenait pas.

— Où vas-tu?

— A l'arrière.

— Toi!

Lui, alors, avec son éternel sourire, mais tordu par un pli d'amertume.

— Faut bien. On a descendu des Boches; mais on n'est plus que trois. Je vais me ravitailler en bonhommes.

C'est ainsi que le fricoteur est devenu soldat.

Mauvaise graine et bon fruit.

N. B. — Ne croît pas en terre allemande.

(Le Gaulois.)

LES EMBUSQUÉS

JE LÈVE UN RÉGIMENT

18 octobre 1914.

Que dis-je? Une brigade ou même une division. Il suffit qu'on me laisse faire et qu'on me donne des pouvoirs.

Oh! je ne rédigerais pas de circulaires. L'expérience a démontré l'inefficacité de ce mode de recrutement. J'établirais, à 4 heures du soir, sur les boulevards, un barrage à hauteur de la Madeleine, un autre à la rue Drouot. Les promeneurs défileraient un par un. Et je serais, d'après les constatations que chacun peut faire, bien malheureux si cette opération ne me procurait pas une double cueillette : un bon quarteron d'Austro-Allemands qu'on n'aurait pas besoin de gratter bien fort pour faire apparaître l'espion, et un millier de jeunes hommes qui devraient aussitôt expliquer à un conseil de revision comment ils concilient leur démarche fringante sous le vêtement civil et leur présence sur l'asphalte parisien.

Je ne m'en tiendrais pas là. Je franchirais le seuil respecté de nos grandes et petites administrations et j'y poursuivrais le même examen, avec la même satisfaction de voir à chacune de mes visites s'augmenter mon effectif. Je n'aurais même ni la superstition du brassard ni le culte de l'uniforme. Quand je verrais installé soit au volant d'une automobile, soit dans la tiède atmosphère d'un bureau, un pseudo-soldat avec ou sans galon, je lui démontrerais, au besoin malgré lui, que la boue des tranchées convient mieux à l'uniforme que la poussière des Champs-Élysées ; que le feu d'une cheminée est moins utile et moins glorieux que celui des mitrailleuses et que les galons sont déplaisants à voir quand leur éclat n'a pas été un peu terni par la fumée de la bataille.

Le voyez-vous grossir, mon régiment des embusqués?

Je ne m'en tiens pas encore là.

A la tête de mes hommes, solidement encadrés, je quitte Paris et je vais faire un tour dans nos départements. Je visite les préfectures, sous-préfectures, conseils de préfectures, et plus je m'éloigne de la zone des armées et plus ample devient ma moisson. Ne me laissez pas aller jusqu'à Bordeaux. Ce serait trop beau. Je serais encombré; j'aurais un corps d'armée.

Ne rions pas : l'heure n'y est pas propice et je vous affirme que je n'en ai pas envie. La question des embusqués est d'une gravité poignante.

Nous avons d'incomparables soldats, qui joignent aux qualités qu'on leur savait des vertus dont notre tempérament permettait de douter : ils ont au courage ajouté la patience et la ténacité.

Mais causez, dans une ambulance parisienne, avec un blessé qui, guéri, est sur le point de retourner au front. Sa vaillance et sa foi sont intactes : il se battra comme il s'est battu. Mais on lui a permis, au moment de sa convalescence, quelques promenades dans Paris. Il a vu ce que nous voyons tous. Il trouve que ce n'est pas juste. A l'heure du départ il pensera : « C'est toujours les mêmes qui se font tuer. » De grâce, faisons en sorte qu'il n'arrive pas à le dire tout haut.

Je sais bien : il y a une objection. Il faut des fonctionnaires, des sous-préfets, des chefs et sous-chefs de bureaux, des secrétaires, des commis, des expéditionnaires et des plantons. Réponse facile. Les vieux sont prêts. Prenez-les.

Tenez! je reviens du palais de Justice.

J'ai vu le conseil de guerre. Il a, il faut qu'il ait, greffier, commis greffiers et huissier d'audience. Au plus humble de ces postes je pose ma candidature si je dois ainsi rendre un soldat et un fusil à nos armées.

Mais il en est temps. Débusquons.

(Le Gaulois.)

AUX EMBUSQUÉS

25 octobre 1914.

Il me faut revenir à eux. Car si je n'ai pas encore levé mon régiment, j'ai du moins mobilisé la fourmilière sur laquelle j'ai mis le pied. Me voici en possession d'un monceau de lettres, approbations, encouragements, sommations d'agir, informations, conseils, mais aussi protestations et reproches d'injustice.

Nécessité de s'entendre.

Ai-je besoin de dire que je ne m'en prends pas à ceux qu'une infériorité physique rend impropres au service? Il serait cruel d'ajouter à leur chagrin. Je leur conseille seulement de ne pas chercher à leur peine une distraction par des promenades trop répétées sur les boulevards, et de n'y pas faire affluence.

Me faut-il rassurer cet inspecteur de police qui m'écrit, « au nom de tous ses collègues », pour protester contre l'accusation d'embuscade? Faut-il lui dire qu'il est à son poste et qu'il n'a pas plus de raisons de le quitter que le cheminot qui sur sa locomotive ou l'ouvrier de Bourges et du Creusot qui à son établi collaborent très efficacement à la défense nationale?

Personne ne peut s'y tromper. Et vous pouvez croire que nos bons, nos vrais, nos solides embusqués se sont bien reconnus et qu'aucun d'eux n'est sorti de sa tranchée pour affronter à ciel ouvert la discussion de son cas.

Ils se taisent, nos hardis chauffeurs parisiens qui, pour la terreur des piétons, exécutent à folle allure le raid des Champs-Élysées.

Ils se taisent les onze secrétaires du capitaine trésorier du X⁰ d'infanterie qui tiennent les écritures du dépôt.

Il se tait, le gentil soldat qui, à Bordeaux, assure le ravitaillement de Célimène et chaque jour la conduit à la pâtisserie, à l'heure du thé et des tartelettes.

Ils se taisent, et c'est eux que je voudrais entendre, et c'est pour les aider à sortir de leur silence que je m'adresse directement à eux. Je le fais sans animosité ni colère. Je devine si bien leurs explications et leurs excuses.

« Vous n'êtes pas, mon jeune ami, plus poltron que vos camarades. Vous avez participé au bel élan de la jeunesse française à l'heure de la mobilisation. Mais votre maman vous adore et ne prétend pas être la mère des Gracques. Elle s'est souvenue qu'elle avait des relations. Elle ne pouvait ignorer que, dans notre démocratie égalitaire, tout s'obtient depuis vingt ans par le piston. Elle vous a pistonné. Vous en avez bien un peu honte ; mais un fils peut-il chagriner sa mère ? Et tout doucement vous vous êtes laissé pousser vers cette chaise, cette table ou ce bureau. Vous vous êtes cru soldat, puisque vous en aviez le costume et que, pour compléter l'illusion, on vous donnait du grade.

« Tout cela n'est pas bien coupable. Mais maintenant ?

« Regardez-moi bien en face. N'est-ce pas que vous n'êtes pas fier ? N'est-ce pas que vous vous sentez gêné quand on vous parle de vos amis qui combattent, quand vous voyez une de ces lettres venues du front, pleines de vaillante gaieté, quand vous lisez le récit de quelque beau fait d'armes ?

« Mais oui, votre gêne est tout près de devenir un remords. Laissez ce salutaire travail s'accomplir. Ne tardez pas trop. Embrassez maman, qui pleurera bien un peu, et partez.

« Vous verrez alors comme c'est bon de

faire son devoir. Vos camarades vous diront que seul le premier moment est désagréable à passer; mais qu'ensuite, comme dit le sergent de Déroulède :

« Un petit tour de feu, c'est la santé du corps.

« Et maman sera toute fière de pouvoir montrer à ses amies, que désormais elle aura le droit de revoir, vos lettres hâtivement crayonnées, sentant un peu la poudre et la feuille d'automne et n'exhalant pas la fade odeur du bureau.

« Vous résistez encore? Pensez alors à demain. Demandez-vous quelle figure vous ferez dans la France victorieuse. Vous n'y aurez plus de place; vous serez en marge. Les pistons, les chers pistons, seront cassés avant même que vous ayez eu le temps de vous faire décorer.

« Allons! c'est dit, n'est-ce pas?
« Vous partez. »

(Le Gaulois.)

P. P. C.

1ᵉʳ novembre 1914.

Je n'ai reçu que deux lettres d'injures. Encore apparaît-il de la similitude d'écritures que c'est le même embusqué anonyme qui m'a gratifié d'un doublé.

Il m'écrit : « Vos articles sont-ils sincères ? Si oui, ils sont bêtes. »

Comme je ne vois pas en quoi ma sincérité serait engagée dans l'affaire, la conclusion demeure : « Ils sont bêtes. »

C'est bien possible. Quand on est bête, c'est sans le savoir, et il est rare de trouver un ami assez dévoué pour vous en avertir. Mon embusqué m'a rendu ce service et il l'a complété en me disant de quoi était faite ma bêtise.

Il m'explique : « Combien croyez-vous qu'après vos articles il partira d'embusqués? Deux, huit, dix au plus. Alors, à quoi bon ? »

Si mon correspondant croit avoir ainsi fait la démonstration annoncée, je l'avertis que mon intelligence limitée y reste fermée. Sans doute, je pense avec lui que les embuscades sont bien gardées et qu'il ne sera pas facile d'en déloger les occupants. Sans doute, je crois avec lui que les influences qui se sont employées pour installer les abrités se retrouveront pour repousser toute offensive.

Mais combien dangereuse et flatteuse est sa concession!

Deux, huit ou dix. Et s'il en était? Voilà pour lui le danger.

Deux, huit ou dix! J'en concevrais un orgueil démesuré.

Ah! s'il s'était fait connaître, je crois que j'aurais réussi à me faire comprendre. Je lui aurais expliqué combien, à l'heure où nous sommes, je fais fi de ma parole et de ma plume ; que, passant la revue de mes trente dernières années, je les trouve aujourd'hui inutiles et sonnant le creux et que je leur applique le mot qu'il m'adresse : « A quoi bon? » Et voici qu'il m'ouvre cette perspective que par l'effet de quelques lignes imprimées dans un journal, j'aurais fait sortir de leur cachette deux, huit ou dix soldats pleins de vigueur et de jeunesse, sinon de bonne volonté; que j'aurais donné à mon pays qui en a besoin deux, huit ou dix fusils ! Mais j'en serais plus fier qu'un ministre à son premier portefeuille, même si ces chiffres devaient se réduire encore, même si ce fusil devait être unique, même si c'était le vôtre, mon cher anonyme, bien que je le soupçonne de n'être pas de première qualité.

Autre argument *ad hominem :* « Eh bien ! et vous? m'écrit mon jeune homme, pourquoi ne partez-vous pas? »

Voilà qui est mieux et voici ma réponse. Je veux bien, mais il faudra que vous me prêtiez, pour obtenir que je parte, les concours que vous avez mis en œuvre pour obtenir de rester. Je vous signale l'objection qui vous sera faite : mon âge. Mais vous répondrez que nous partirons tous les deux, bras dessus, bras dessous, et que votre âge et le mien représenteront ainsi une très honorable moyenne.

Maintenant, embusqués mes frères, je prends, provisoirement au moins, congé de vous. Ce n'est pas que vous ayez cessé de m'intéresser; mais je dois quelques ménagements aux lecteurs du *Gaulois*, que je crains de lasser.

Deux autres raisons me décident à vous consentir un armistice :

Parler n'est rien, agir est tout. L'action appartient à M. le ministre de la guerre, et j'ai foi en son patriotisme.

Puis, si ma voix se tait, une autre s'est

élevée. Sur la planche que je quitte, un appel du pied vient de retentir. M. Clemenceau a décroché ses fleurets et, après un très courtois salut à mon adresse, a engagé le fer.

Restez en garde, messieurs les embusqués !

La main passe, mais l'assaut continue.

(Le Gaulois.)

UN MAUVAIS RÉGIMENT

30 novembre 1904.

C'est le mien : c'est du moins celui que j'avais la prétention de lever et qu'on devait recruter parmi les embusqués. Je le passe en revue. Pas d'illusions possibles. Il se présente mal. Au lieu des gars solides, des beaux soldats tout neufs que je comptais y trouver, j'aperçois des hommes chétifs, j'en vois d'autres qui, au défilé, tirent la jambe et d'autres encore qui, au tir, mettent avec peine le fusil à l'épaule.

J'interroge. Le premier me dit qu'autrefois réformé il a été repris après un examen rapide et à distance, le second qu'ayant été blessé il a été reconnu bon pour le renvoi au front. Ainsi de la plupart des autres. Des demi-infirmes, des demi-guéris. Le voilà presque tout entier, mon régiment des embusqués. Déception.

Ai-je donc été trompé? L'embusqué n'est-il qu'une chimère? Aurai-je le remords d'avoir contribué si peu que ce soit à grossir l'effectif des hôpitaux quand je voulais donner de solides recrues à nos armées?

Mais non.

Voici que je suis frôlé par une puissante auto, où deux jeunes chauffeurs rasés de frais et resplendissants de vigueur et de santé brûlent avec maîtrise la piste Étoile-Concorde. Voici que dans le métro je vois se mirer toutes les lampes du wagon dans un casque bien porté dont aucune brume du Nord, dont aucune pluie des Flandres n'a terni l'éclat. Voici que de toutes les villes, de tous les coins de France, m'arrivent les informations, les protestations. Rien n'est changé ou presque. Quelques valétudinaires et quelques éclopés paieront : mais les embusqués sont toujours là.

Que s'est-il donc passé?

Je ne mets pas en doute la bonne volonté, le zèle patriotique de mon ami Millerand. Il a voulu agir; il a agi; il a donné des instructions et des ordres. Mais entre le ministre et l'homme qu'il s'agit de déloger, quelles défenses! Quel enchevêtrement de fils barbelés, c'est-à-dire que de protecteurs, députés, sénateurs, préfets, sous-préfets, électeurs influents! C'est toute une organisation dont les ramifications sont infinies et les ressources innombrables.

Un général doit faire une inspection : il est aussitôt repéré. Pendant deux jours tous les embusqués se terrent. Le général inspecte : tout est bien. Le général a inspecté : l'embusqué narquois reparaît au bureau.

C'est un truc : mais combien d'autres dont je pourrais donner l'énumération!

Et le jour où un contingent, composé vaille que vaille, quitte le dépôt, l'embusqué a le sourire en assistant au départ.

Prenez garde, mon cher ministre, et croyez-moi. La colère monte. C'est à vous de l'apaiser. Il vous y faudra votre persévérance, votre belle ténacité, votre conscience du devoir national.

J'ose m'adresser à vous, bien que le grand journal radical du Midi m'ait averti que je ne serais pas, que je ne devais pas être écouté. Procurez-vous et lisez son numéro du 17 novembre. Vous y verrez par quels pitoyables arguments il prend la défense des embusqués, sans contester leur existence.

Vous y verrez comment il vous met en garde contre mes efforts, en affirmant que je suis « le moins républicain de vos confrères ».

Il le sait et je l'ignore. La raison en est que depuis le 1er août je n'ai pas pris le temps de m'interroger sur mes opinions politiques. Mais s'il est vrai que, pour être républicain en novembre 1914, il faille sacrifier des éclopés et des malades aux protégés de nos puissants d'un jour, j'avoue n'avoir aucun droit à l'estampille du journal qui se dit « de la démocratie ».

Je n'étais pas hier de la république des camarades ; je ne suis pas aujourd'hui de la république des embusqués. Ni vous, n'est-ce pas ?

(Le Gaulois.)

LETTRE OUVERTE

A MESSIEURS LES MEMBRES DE L'INSTITUT DE FRANCE.

(Les Intellectuels allemands)

26 octobre 1914.

Prenez garde, messieurs! Le vulgaire ne vous comprend pas. Peu vous chaut, me direz-vous. En quoi vous me semblez avoir tort.

Il est des circonstances exceptionnelles où l'union doit être absolue entre la nation et son élite, mieux encore où cette élite doit renoncer à la direction de la masse pour s'appliquer à pénétrer ses sentiments, à se les approprier et à leur fournir une expression définitive, qui emprunterait sa grandeur et sa force à votre célébrité.

Vous êtes l'Institut de France. Vous

rayonnez de haut sur le monde : vous êtes qualifiés pour parler au nom de la science, de l'art, des lettres, mais avant tout pour parler au nom de la France. Vous êtes l'Institut *de France*.

Or je ne suis pas sûr que vous ayez bien compris ce qu'a ressenti, à la lecture du manifeste des intellectuels allemands, la France des intelligences moyennes et des grands sacrifices, la France qui se bat, la France qui agit, la France qui veut du sol arrosé de son sang arracher le laurier de la victoire, la seule France qui compte aujourd'hui.

Elle a, si vous en voulez croire un humble témoin, éprouvé plus de dédain que d'indignation. Les mensonges cyniques de cette poignée de savants et de littérateurs d'outre-Rhin ont complété la démonstration déjà acquise de la solidarité jusque dans le crime de ce peuple de sauvages, d'incendiaires et d'assassins. Et c'est tout.

Les outrages de ces professeurs et de ces docteurs, dont la France armée connaît à peine les noms et ignore les ouvrages et les titres, venant après la violation des traités, la destruction de Louvain, le bombardement de Reims, la mutilation des enfants et des femmes, l'exécution sommaire des prêtres, etc., c'était si peu! C'était comparable à l'effet que produirait la chiquenaude d'un enfant sur un soldat qui vient de voir tomber un obus de 420.

Mais vous, Institut de France, qui comptez parmi les signataires du manifeste quelques-uns de vos associés et correspondants, vous ne pouviez professer semblable indifférence. Vous aviez des mesures à prendre.

Qu'avez-vous fait?

Vous avez délibéré. Vous avez, dans plusieurs de vos académies, examiné le dossier. Vous avez traité la question en droit et en fait. Vous avez même discuté votre compétence. Vous vous êtes embarrassés d'objections tirées de décrets ou d'arrêtés ministériels et de dispositions statutaires. Vous vous êtes demandé ce que ferait Londres ou ce que ne ferait pas Pétrograd. Une académie a dosé, suivant une formule, la désapprobation et la flétrissure. L'académie voisine a voulu avoir un dosage différent et une formule indépendante. Une troisième a, comme pour les procès épineux, continué son délibéré. C'est ainsi qu'en attendant l'accord, l'Institut de France conserve sur ses listes glorieuses des noms réprouvés par les uns, flétris par les autres et méprisés par tous.

Trop de formes et trop de procédure, messieurs ! Laissez aux gens de Palais ces finasseries dont on riait au temps où l'on pouvait rire. Ils n'y ont pas mis tant de façons, vos correspondants et associés, pour commettre leur petite infamie et nous allonger de leur lourde main cette inoffensive taloche qu'ils ont voulu rendre insultante.

Je ne vous conseille pas : ce serait une dérision. Je vous dis ce que nous pensons et voudrions, nous, gens du commun, qui de très bas vous admirons parce que vous êtes très haut et que vous êtes la parure et l'honneur de notre chère patrie.

Nous ne voyons qu'une réponse à faire, et comme nous ne savons ni écrire, ni rédiger, et qu'il faut nous pardonner notre vulgarité, nous faisons tenir la réponse dans un mot et dans un geste.

Le mot : « Par ici la sortie ! »

Le geste : Montrer la porte !

(Le Journal.)

LES DÉCORATIONS

RUBANS, ROSETTES ET CRAVATES

9 novembre 1914.

J'espère ne chagriner personne en constatant que les décoratious avaient, bien avant la guerre, perdu, sinon leur attrait, du moins leur prestige. S'il n'y en avait pas assez pour satisfaire l'appétit de tous les affamés, il y en avait trop pour qu'elles pussent conserver leur valeur distinctive.

La Légion d'honneur n'avait pas échappé à ce discrédit. La pluie rouge était tombée si abondante et si drue que les gouttes s'en étaient réparties au petit bonheur et sans choix. Des hommes qui sont la gloire du pays et assurent son renom dans le monde ne piquent au revers de leur habit ni ruban ni rosette, tandis que d'autres, trop peu connus ou trop, en présentent l'assortiment aux regards étonnés. C'est ainsi que, par une loi aussi impérieuse que celle des proportions, plus les légionnaires devenaient *légion*, moins ils devenaient *d'honneur*.

Mais voici la guerre et voici qui change. Chaque jour nous apporte le récit de prouesses devant lesquelles nous restons prosternés d'admiration et de reconnaissance. Tous, officiers ou soldats, tous, bourgeois, ouvriers ou paysans, tous rivalisent de courage, de dévouement et d'abnégation. Et la liste s'allonge sans cesse de ces noms tirés brusquement de leur ombre pour être projetés dans une pure et radieuse lumière par des actions d'éclat qui déconcertent l'imagination. Qui de nous n'en a fait l'expérience? Si le doute nous effleure et si l'impatience nous gagne, il suffit de faire la lecture de ces citations à l'ordre du jour. C'est un bain d'énergie où se retrempe et se tonifie l'esprit, où se noient toute inquiétude et toute désespérance.

Comment reconnaître et acquitter la dette contractée par la patrie envers ses enfants? Un seul moyen : la décoration. Médaille militaire ou Légion d'honneur. Ruban jaune ou ruban rouge. C'est bien, mais à une condition.

La médaille militaire ne prête à aucune confusion. Le ruban jaune parle un clair langage qui ne peut abuser personne.

Mais le ruban rouge?

Quoi! le même insigne pour ce vaillant qui a mis le premier la main sur la hampe d'un drapeau ennemi et pour ce jeune homme qui a recueilli ce rouge souvenir de son court passage dans le cabinet d'un ministre qui lui voulait du bien!

La même rosette pour ce commandant qui, malgré la mitraille et ses blessures, a entraîné ses hommes au combat, et ce très digne fonctionnaire dont on a récompensé avec raison les longues années de service et de fidélité !

La même cravate à ce général qui par sa tactique et sa hardiesse a amené sa division au point et à l'heure voulus pour décider de la victoire, et à ce somptueux financier qui, dans le maniement de l'épargne française, ne paraît pas avoir sacrifié ses intérêts !

Cela, impossible.

Il ne faut pas qu'après la paix vous ou moi soyons exposés à nous découvrir devant l'ancien attaché de cabinet, l'honnête fonctionnaire ou le riche banquier, croyant saluer le soldat, le commandant ou le général. J'en appelle à la probité des membres de la Légion d'honneur. C'est à eux de se refuser à une confusion dont ils auraient autant de honte que d'un abus de confiance.

Le moyen ? Oh ! si simple.

Il ne s'agit pas de porter atteinte à des droits acquis, ni de supprimer l'Ordre, ni d'en créer un autre. Une mesure très facile suffirait.

On a actuellement le droit de porter l'insigne comme on veut, ou large ou mince, suivant son goût pour la toilette ou discrète ou voyante. Il suffit de réglementer les dimensions, largeur du ruban ou de la cravate ou du cordon, diamètre de la rosette. Un millimètre au ruban civil, trois au ruban donné pour faits de guerre, mais rien que pour faits de guerre. Un demi-centimètre de diamètre à la rosette civile, un centimètre à la rosette militaire. Ainsi du reste.

J'ai le droit de faire condamner à la prison celui qui me vole mon argent. Je ne veux pas qu'on vole aux héros qui nous préparent aujourd'hui, qui nous assureront demain la victoire, l'hommage et la gratitude de la France.

(Le Gaulois.)

LES DÉCORATIONS

LETTRE AU DIRECTEUR DE « LA LIBERTÉ »

12 novembre.

Mon cher directeur,

Vous voulez bien me communiquer la lettre d'un de vos lecteurs qui repousse l'idée d'établir, pour le port des insignes de la Légion d'honneur, une distinction au profit de ceux qui auront été décorés pour faits de guerre en 1914, et vous avez la courtoisie de me provoquer à une réponse.

A en juger par les lettres que j'ai reçues, votre correspondant est seul à demander le maintien du *statu quo*.

Si la Légion d'honneur était demeurée ce qu'elle fut dans l'esprit de son fondateur, si elle n'avait jamais été décernée que pour des mérites exceptionnels profitant au pays, il pourrait avoir raison. Mais, sans polémique, sans qu'il soit besoin d'évoquer le souvenir de certains scandales, il reconnaîtra avec moi, avec tous, que le ruban, détourné de sa destination première, a récompensé à profusion des services qui n'intéressaient ni de près, ni de loin, le salut ou la grandeur de la France. On s'en est à peu près accommodé.

Mais aujourd'hui c'est l'existence même de la nation qui est en cause. L'histoire universelle n'offre rien qui soit comparable à la guerre de 1914, ni pour l'énormité de l'enjeu, ni pour l'immensité des sacrifices consentis, ni pour la sublime émulation de dévouement et de courage entre nos combattants. Que fait-on?

La médaille militaire aux sous-officiers et soldats, la Légion d'honneur aux officiers : voilà l'héroïsme récompensé. Et c'est fort bien.

Ce qui l'est moins, c'est qu'avec son ruban rouge, le héros est élevé au même niveau qu'un sous-préfet qui a fait de bonnes élections, ou qu'un avocat qui a réussi. Si le sous-préfet et l'avocat sont des honnêtes gens, ils ne peuvent pas tolérer cette égalisation.

Votre lecteur paraît croire que je demande une Légion d'honneur civile pour les civils, une Légion d'honneur militaire pour les militaires. Ce n'est pas cela. Je voudrais qu'un signe visible permît de distinguer le ruban décerné *pour faits de guerre de 1914*. Je ne regarde ni l'homme, ni son habit; je vais au fait. Le maire de Reims, civil, aura ce signe. Tel brave homme d'officier, décoré à l'ancienneté, loin du feu, ne l'aura pas.

Pour le choix de ce signe, je suis sans amour-propre d'auteur. S'il en coûte trop aux légionnaires actuels de diminuer la largeur de leurs rubans, ajoutons à l'insigne des décorés pour faits de guerre de 1914 un chiffre, une étoile, une croix minuscules, ce qu'on voudra, pourvu que je puisse demain reconnaître au passage les plus glorieux entre les sauveurs de la Patrie.

C'est bien le moindre devoir de ceux qui ne risquent rien envers ceux qui risquent tout.

Je vous prie, mon cher Directeur, d'agréer l'assurance de mes meilleurs sentiments.

(La Liberté.)

LES DÉCORATIONS

AMENDEMENT

7 décembre 1914.

Un bel article de M. Maurice Barrès a donné un nouvel élan à la question des distinctions décernées pour faits de guerre en 1914. Ce m'est une occasion de revenir à la proposition relative aux croix de la Légion d'honneur données pour actions d'éclat au cours de la campagne actuelle et qu'il s'agirait par un signe quelconque de distinguer des croix antérieures. Le projet a suscité des mécontentements prévus que je persiste à négliger, mais a provoqué aussi des chagrins dignes d'égards.

Un receveur en retraite, sous-officier d'infanterie en 1870, amputé, m'écrit d'une plume irritée qu'il ne veut pas de discrédit pour son ruban rouge : « Ma croix vaut bien, dit-il, celles de mes jeunes camarades de 1914. »

Il a raison.

Plus calme, un ancien capitaine d'infanterie coloniale, réformé n° 1, écrit « qu'il a souffert et beaucoup, parfois solitairement, pour avoir le ruban rouge et qu'il craindrait d'avoir l'air d'avoir eu un faux courage, alors que seuls ceux de 1914 auraient eu le vrai ».

Il a raison.

Sans doute, il n'est jamais entré dans ma pensée de *discréditer* les justes récompenses décernées à ces braves. Mais sous l'étreinte du drame immense et superbe où l'Europe est engagée, où s'absorbent depuis quatre mois toutes nos pensées, j'ai pu perdre de vue un principe auquel on me rappelle. C'est que la gratitude de la France est à l'abri de toute prescription, que le temps ni la distance ne doivent avoir aucune prise sur elle et que l'égalité de traitement s'impose entre ceux qui aujourd'hui libèrent pied à pied le sol national et ceux qui eu 1870 l'ont défendu ou ceux qui, en Chine, au Tonkin, au Maroc, ont prodigué sur les champs de bataille leur bravoure et leur sang.

Je maintiens donc, mais j'amende.

Je maintiens, me sentant appuyé par une opinion presque unanime, que nous aurons après la paix l'impérieux besoin de saluer au passage les plus glorieux de nos héros. Dieu seul à première vue reconnaît les siens. N'ayant pas cette faculté, nous voulons qu'on nous aide et qu'on nous permette de distinguer entre les autres le décoré pour faits de guerre.

Est-ce rabaisser le mérite civil et disqualifier le ruban rouge qui l'a consacré? Eh non! ne me parlez plus de discrédit. Rien n'est plus à faire : tout est fait. Le discrédit est l'œuvre d'un passé où les complaisances, les faveurs, les concours politiques et électoraux se sont substitués au mérite, au point que, dans la hiérarchie de la Légion d'honneur, un fonctionnaire, disposant d'amitiés puissantes, précède souvent les plus illustres de nos savants, de nos hommes de lettres ou de nos artistes, sans que d'ailleurs ceux-ci s'en plaignent.

Je ne porte donc nulle atteinte ni aux droits ni aux passe-droit en réclamant le signe distinctif pour faits de guerre. Reste à le créer. L'agrafe paraît, d'après la petite consultation qui m'est parvenue, réunir la pluralité des suffrages. Créons l'agrafe. Nous ne ferons en cela que suivre l'exemple de nos amis les Russes, qui, pour certains de leurs ordres, ont la croix ordinaire, à laquelle s'ajoutent deux épées croisées, quand elle est donnée pour faits de guerre.

Et j'amende.

Cette agrafe, nous ne la donnerons pas seulement aux décorés de 1914; elle sera attribuée également aux rubans décernés pour tous faits de guerre antérieurs, dont la revue sera facile.

Mais c'est bien entendu; je le répéterai sans cesse, qu'il s'agisse de 1914 ou de toute autre année :

Pour faits de guerre seulement, *seulement*, SEULEMENT. Vous devinez mes craintes.

(Le Gaulois.)

LES DÉCORATIONS

NE PARONS PAS L'UNIFORME

13 décembre 1914.

J'entrais, il y a quelques jours, dans un restaurant des boulevards. A la table voisine de celle que j'allais prendre trois dîneurs étaient installés, dont un caporal en uniforme, portant sur sa tunique de fantassin le ruban et la croix de la Légion d'honneur. D'instinct, je me disposais à le saluer, sans le connaître. A la réflexion, je me suis méfié : j'ai simplement passé mon chapeau au garçon.

Je ne sais pas encore si j'ai eu tort.

Et si je ne le sais pas, c'est que beaucoup de mobilisés ont cru convenable de transporter de la jaquette à l'uniforme en y ajoutant croix ou palmes, le ruban rouge, violet ou autre que leur avaient valu leurs mérites civils.

C'était leur droit. Ont-ils bien fait d'en user? Je pose la question.

Je ne blâme pas la pensée qui, sans doute, les a guidés. Heureux et fiers d'endosser l'uniforme, ils ont voulu l'honorer par une contribution personnelle et l'associer par la parure de leurs rubans à leurs efforts heureux et à leurs distinctions de la vie civile interrompue.

Je les comprends; je sens autrement. On n'a pas à honorer ni à parer l'uniforme. L'honneur ici, c'est l'uniformité; la parure, c'est la simplicité. N'ajoutons à l'uniforme rien qui ne vienne de lui, qui n'ait été gagné par lui. Ne compromettons pas l'alignement, fût-ce de l'épaisseur d'un ruban ou d'une rosette, s'ils n'ont pas été conquis sous l'uniforme. Rien ne doit briller dans le rang que croix et médailles obtenues sous les armes. L'invisibilité est la règle : en y manquant, on attire à soi les balles des Boches ou les regards des badauds. C'est au moins inopportun.

La servitude militaire doit être absolue. A cette condition, elle est grande et féconde. Grande, parce qu'elle emporte le renoncement au plaisir, au bien-être, à toutes les petites satisfactions de la vie, et qu'elle va jusqu'à l'offre de la vie même. Féconde, parce qu'elle crée alors cette fraternité d'armes qui coule comme un grand fleuve limpide et pur d'un bout à l'autre du front de nos armées, qui se répand depuis quatre mois partout où l'on se bat et partout où l'on souffre, et qui, l'heure venue, balaiera de son irrésistible courant les petites intrigues, les mesquines rivalités, les habiles combinaisons de nos politiciens inquiets.

Acceptez cette servitude, vous tous qui portez l'uniforme. Acceptez-la sans un regret, sans un regard sur le passé. Il n'y a qu'une livrée qui soit glorieuse ; mais elle l'est plus que les habits les plus chamarrés. C'est la livrée de France. Ne cherchez pas à l'embellir : c'est impossible. Vous risquez d'embarrasser vos chefs et d'en être gênés vous-mêmes.

Voyez au front.

Voyez ce général d'armée qui a revêtu la tunique du simple soldat et qui ne montre ni étoile ni plume blanche. Oserez-vous devant lui conserver votre gentil ruban ?

Voyez à vos côtés ce camarade qui a quitté son établi d'ouvrier à l'heure où vous quittiez votre atelier d'artiste ou votre cabinet d'homme de lettres. Pour lui serrer la main un soir de bataille, pour l'embrasser s'il vous a sauvé la vie, ou plus simplement pour associer dans la familiarité du tutoiement vos aspirations, vos haines et vos espoirs, ne craignez-vous pas que ce morceau de soie ne fasse cloison entre vous ?

Si vous le pensez avec moi, remisez discrètement votre ruban. Ne le montrez pas sur la ligne de feu, si ce n'est pas là que vous l'avez gagné. Montrez-le moins encore sur nos voies publiques, à moins qu'il ne soit retour des Flandres, d'Argonne ou des Vosges.

Vous le retrouverez après la guerre, et vous pourrez alors vous appliquer, si peu que ce soit, la parole d'un des personnages d'Alfred de Vigny :

« Et moi aussi, j'ai fait abnégation. »

(Le Gaulois.)

ÉLOGE DE LA CENSURE

15 novembre 1914.

La censure politique a déjà fait couler beaucoup d'encre; mais, personne ne s'étant encore avisé de la défendre ou de l'excuser, il est juste qu'elle trouve un avocat. C'est à quoi je voudrais m'essayer, sans qu'on m'en ait prié, vous pouvez me croire.

Elle est illégale, abusive, arbitraire : d'accord. Mais je voudrais ouvrir vos yeux sur certains de ses mérites et sur les services qu'elle peut rendre.

Elle a vulgarisé en France un hors-d'œuvre russe : le caviar. Elle nous a valu la création d'un mot nouveau : le verbe caviarder.

Elle oblige celui qui prend une plume à

la tourner entre ses doigts, avant d'écrire, plus de fois que le sage ne tourne la langue en sa bouche avant de parler ; c'est une excellente gymnastique.

Elle est délicieusement fantaisiste. C'est bien quelque chose, dans les heures tendues et graves que nous traversons, d'avoir des occasions de détente et même de sourire. La censure nous les procure.

Il est, en effet, un exercice qui ne manque pas, grâce à elle, d'être assez divertissant. On glisse dans un article (celui-ci, si vous voulez) quelques mots qu'on croit de nature à éveiller les susceptibilités de cette ombrageuse personne. Sera-t-on caviardé? L'article paraît. Des blancs. Le caviar a passé. C'est gagné.

Mais on y regarde alors de plus près : et cela devient exquis. Le caviar est servi de la façon la plus imprévue. Les passages dont on prévoyait la suppression sont maintenus ; d'autres, parfaitement inoffensifs, sont supprimés. Pourquoi? On ne saura jamais. C'est là qu'est le charme du jeu.

Pour l'écrivain, c'est tout profit. Le lecteur apprécie sa hardiesse dans les parties conservées, mais la goûte bien plus encore dans les blancs, qu'il remplit au gré de son imagination et en prêtant au chroniqueur des audaces dont celui ne s'était pas avisé.

Il y a mieux. Ce qu'il faut louer surtout dans l'institution de la censure ainsi comprise, c'est sa puissance involontaire et tacite d'information.

Deux exemples empruntés, l'un au domaine de l'hypothèse, l'autre au domaine de la réalité, me feront comprendre.

Supposez (pure hypothèse) qu'à Paris, sur les boulevards, un promeneur, accompagné de sa femme et fumant un cigare, soit l'objet, de la part des passants qui le reconnaissent, d'une petite manifestation. C'est un épisode si banal qu'un journal devra être à court de copie pour lui consacrer un écho de trois lignes.

Supposez (complément de l'hypothèse) que la censure interdise la moindre allusion à cet incident.

Oh! alors, toutes les curiosités sont en éveil et tous les informateurs en mouvement. L'un connaîtra le nom du promeneur. L'autre imaginera qu'il porte un uniforme chamarré de tant de galons si neufs, que ce serait, à l'abri de tout risque de guerre, l'avancement le plus rapide de toute l'armée. Un troisième osera dire que la manifestation n'avait rien d'une ovation et était dépourvue de sympathie. L'anecdote se propagera dans Paris, circulera dans tous les trains, gagnera la province, fera le tour de France. C'est la censure qui l'a installé sur les ailes de la Renommée.

Sortons de la fable et demandons aux faits le second exemple.

Ayant reçu protestations et plaintes concernant l'embuscade et les embusqués, quelqu'un s'avise de porter la question devant l'opinion publique. La politique n'y est pas ou n'y devrait pas être intéressée. La censure n'avait pas à ce sujet à exercer sa vigilance. Elle ne l'exerce pas... à Paris, où l'article passe tout entier. Mais Paris a sa censure et chaque ville de province la sienne. Les journaux d'une très grande ville veulent reproduire. Suppression totale, titre compris.

Voyez-vous tout de suite la conséquence et quelle éclatante lumière jaillit? La censure a dénoncé, involontairement et sûrement, cette grande ville comme celle où les embusqués ont la double supériorité du nombre et de l'influence. C'est à elle que M. le ministre de la guerre, infailliblement informé par la censure, devra réserver la primeur de ses patriotiques efforts.

N'est-ce pas un inappréciable service rendu par la censure?

Je ne prolonge pas le plaidoyer. Je le crois suffisant. Ma cliente aussi : car je la vois qui se prépare aux remerciements.

— « Non, madame, ne me remerciez pas. J'ai plaidé d'office. Vous ne me devez rien. »

(Le Gaulois.)

LE CAFARD

22 novembre 1914.

Si vous demandez au Dictionnaire la définition du cafard, dans son sens entomologique, la réponse est la suivante :

« Insecte nocturne, dénommé aussi blatte ou bête noire, qui recherche les endroits chauds et qui ronge les aliments et les étoffes. »

On comprend par quelle dérivation métaphorique l'argot de nos troupiers désigne sous le nom de « cafard » ce mal spécial, fait de découragement et d'ennui, qui, en temps de paix, sévit parfois sur les casernes, qui rend insupportables les corvées et pesante la discipline, qui, s'attaquant en rongeur au moral de l'homme, le conduit alternativement à la cantine et à la salle de police et le rend mécontent de tout, du métier, de ses camarades, de ses chefs et de lui-même.

Le cafard, se plaisant à l'obscurité et à la chaleur, n'a pas suivi nos troupes en campagne. Les lettres, pleines d'entrain, qui viennent du front, nous montrent que, fidèle à ses mœurs, le cafard ne s'est acclimaté ni au cantonnement, ni dans les tranchées : il y est inconnu.

Chassé de nos régiments, n'y trouvant plus pour s'abriter et se chauffer que des bureaux très vaguement militaires, le cafard a émigré et s'est réfugié dans quelques très rares habitations civiles, où il se révèle sous les aspects les plus variés.

Prendre le communiqué, en faire et refaire la lecture, glisser sur l'annonce d'un progrès ou d'une avance, insister sur le mot qui prête au doute, tourner et retourner ce mot jusqu'à ce qu'il se présente dans le mauvais sens, consulter la carte et s'attarder avec un soupir sur les rives de l'Yser : cafard.

Affirmer, au début de tout entretien, son inébranlable foi dans l'issue de la lutte, puis abaisser le coin des lèvres en une moue qui dément les paroles, jeter négligemment des chiffres pour dénombrer les derniers renforts expédiés d'Allemagne ou les contingents ennemis massés sur tel ou tel point du front : cafard.

Se déclarer prêt à toutes les privations, et, pour en fournir la preuve, énumérer en martyr résigné les sacrifices déjà consentis : gêne du moratorium, mélancolie des soirées parisiennes, clôture trop hâtive des restaurants, suppression des autobus et du pain riche : cafard.

Vous avez, comme moi, rencontré, en nombre infime il est vrai, ces visages assombris. Soyez pour eux sans rigueur. Car, si vous questionnez votre interlocuteur, vous aurez sans peine l'explication de son état d'esprit. Très bon Français, très ardent patriote, il se trouve, par l'effet de circonstances dont il n'est pas responsable, n'avoir aucun de ses proches sur la ligne de feu. Il se trouve ainsi privé de ce cordial merveilleux auquel ne résiste aucune anémie morale : il ne reçoit pas de lettres de nos soldats. Il en lit des extraits dans les journaux ; il ne sait pas que toutes sont animées du même esprit et prouvent qu'au renoncement absolu de soi-même chefs et soldats ont ajouté la suprême élégance de la belle humeur.

Ils sont gais.

La pluie tombe, le froid pince : ils sont gais.

La mort guette, la mort passe, la mort frappe : ils sont gais.

C'est leur manière de pratiquer l'héroïsme. Ils savent qu'il n'y a de beaux enfants que ceux qui sont conçus dans la joie, et, pour que la victoire dont ils préparent l'enfantement soit robuste et saine, ils la veulent fille du plaisir.

Ah! ils l'ont bien tué, le cafard.

Alors, déridez-vous, visages moroses. Nous ne pouvons pas, n'étant point dans l'action, avoir la superbe insouciance de ces grands enfants qui, sous la mitraille, font des mots et rient. Eh! je le sais bien.

Mais si nous sommes incapables de suivre leur exemple, observons tous la consigne qu'ils nous imposent.

Partout où il se montre, écrasons le cafard.

(Le Gaulois.)

OU SONT NOS APACHES?

24 novembre 1914.

On n'entend plus parler ni d'eux ni de leurs exploits. Ils occupaient hier encore les places d'honneur dans les journaux ; les manchettes se succédaient pour annoncer leurs crimes et les illustrations pour reproduire leurs traits. C'est fini. A peine de loin en loin une petite note, discrète et perdue au bas d'une colonne, apprend au lecteur indifférent un cambriolage ou une rixe mortelle. Mais il semble que les auteurs de ces méfaits se rendent eux-mêmes compte que l'assassinat et le vol manquent d'actualité.

La place autrefois occupée par le crime et les criminels n'est pas vacante ; elle est heureusement prise par le récit glorieux des actions d'éclat de nos soldats. Les héros se sont substitués aux apaches à la première page de nos journaux. Ils y mettent plus de modestie. On voudrait même parfois être plus renseigné sur leurs personnes ou sur leurs faits de guerre, connaître leurs visages.

Que voulez-vous? Ils sont trop. Si un livre d'or doit être fait un jour pour rapporter le détail de tout ce qui se dépense sur le front de belle insouciance, de gaieté vaillante et de sublime renoncement, ce sera un ouvrage où s'aligneront plus de volumes que n'en ont jamais composé les encyclopédistes. Et c'est très bien en somme que trois courtes lignes du *Journal officiel* suffisent à enregistrer les actions individuelles qui concourent à la gloire nationale. Quand, au printemps, le buisson d'aubépine se couronne de fleurs, on se priverait d'admirer l'opulent bouquet si l'on s'attardait à compter les pétales.

Mais si nos apaches ont cessé de faire parler d'eux, est-ce donc qu'ils ont disparu? Sans doute la mobilisation en a envoyé un grand nombre sous les drapeaux, où il n'est pas impossible qu'une contagion bienfaisante ait exercé sur eux son influence. Pourtant l'explication ne suffit pas. L'apache était devenu de plus en plus précoce, et c'était à l'âge moyen de dix-huit ans qu'il atteignait son maximum de rendement. Cet adolescent qui n'avait que la maturité du crime, l'armée ne l'a pas encore pris : qu'est-il devenu?

Il est encore parmi nous, et sa présence est facile à constater.

Avez-vous, au mois de septembre dernier, poussé vos explorations parisiennes vers un bois délicieux de silence et de solitude, dont l'accès n'était rébarbatif qu'en apparence, dont les issues, défendues par des chevaux de frise, des palissades, des fossés et des arbres abattus, s'ouvraient cependant aux promeneurs? Que c'était loin et que c'était près! Tout simplement le bois de Boulogne.

Quelques groupes épars de femmes, appliquées déjà à leurs crochets et à leurs tricots; des enfants jouant innocemment autour d'elles. Tableau champêtre de paix et de repos. C'était là que se donnaient les honnêtes rendez-vous des familles que la route de Bordeaux n'avait pas tentées.

Il y fallut, après quelque temps, renoncer.

Des flâneurs inquiétants avaient, eux aussi, découvert le joli bois abandonné. Ils s'en étaient emparés en maîtres. Ils s'y retrouvaient avec de faciles compagnes et tantôt pédalant, tantôt marchant, tantôt assis, des couples se formaient dont la rencontre comportait pour les femmes et les enfants plus de trouble que le vol des Taubes. Les apaches, avec un effectif réduit, demeurent à Paris, mais ils sont devenus inoffensifs. Pourquoi?

Ne serait-ce pas l'effet du régime de l'état de siège? Paris se trouve placé sous une garde vigilante qui nous prive du pain de fantaisie (ce dont je n'ai cure) et qui vaut en revanche aux honnêtes gens la sécurité. Les apaches savent que l'heure est défavorable à la libre expansion de leurs instincts. Le principe d'autorité est restauré. L'application en est assurée par un homme que Paris a, dès le premier jour, adopté pour sa résolution et sa vigueur et qu'il ne verrait pas s'en aller sans regrets. N'en cherchez pas plus pour expliquer le chômage forcé de nos malandrins, qui savent que pour eux les temps sont changés.

Je me souviens d'avoir autrefois assisté à quelques séances d'une société savante où les questions criminelles se discutaient devant l'élite de mes maîtres ès sciences morales et juridiques. On s'y accordait à peu près pour considérer le crime comme un accident pathologique dont la responsabilité pesait sur la société et dont la guérison devait être cherchée dans la moralisation du criminel, la douceur du régime et le confortable de la prison. Moi, qui dès ce moment ne me sentais pas d'antipathie pour le chat à neuf queues et n'aurais pas répugné à ses applications sur l'épaule d'un bandit, je ne tardai pas à comprendre que j'étais un mauvais élève dont la présence déshonorait et dont la voix eût scandalisé la classe. Je me retirai discrètement.

Aujourd'hui les doctrines humanitaires sont condamnées, provisoirement au moins, à la relégation. Les candidats au crime sont fixés à cet égard. Nous espérons que la paix ne nous retirera pas ce bienfait de la « manière forte ».

Une autre explication est possible.

L'incendie, le vol et l'assassinat n'ont pas disparu de la surface du sol. Ils sévissent plus que jamais, mais c'est sur d'autres théâtres. Ils sont maîtres partout où passent les armées allemandes. Si nous ne voyons plus de bandits, c'est peut-être simplement qu'ils ont déserté pour s'enrôler dans une armée où ils savaient pouvoir faire apprécier leur expérience de meurtriers et de pillards. Nos apaches seraient alors dans les rangs des Boches.

Si c'est vrai, allez-y tout de même, les 75 : et pointez juste !

(Le Journal.)

LES DÉPOTS D'ÉCLOPÉS

ÉCLOPÉ

6 décembre 1914.

Tariot (par respect des principes je dénature son nom), Tariot est artilleur. Je m'intéressais à lui, sans le connaître autrement que par l'officier dont il était le trompette éclaireur et qui louait son entrain, sa fidélité, son courage. « Il est brave et Parisien, ce qui décidément va très bien ensemble. C'est presque un camarade. »

En quelques jours, la gaieté de Tariot tomba et ses traits se tirèrent. Un matin, Tariot vint prendre congé de son lieutenant. « On l'évacuait, écrit celui-ci ; il était honteux, tout en larmes et baissait la tête plus que sous les shrapnells. »

Pauvre gars! Qu'avait-il?

Il n'était pas blessé, il n'était pas malade. Mais une dépression générale, une insurmontable fatigue, un absolu besoin de repos. Tariot était *éclopé*.

C'est le mot adopté pour désigner ceux qui, sans blessure, sans maladie définie, ne peuvent plus suivre, soit qu'ils aient laissé la peau de leurs pieds à la semelle de leurs souliers, soit qu'ils aient fléchi sous le pesant fardeau des jours sans repos et des nuits sans sommeil, des semaines et des mois sans quitter l'uniforme et sans changer de chemise.

La question s'est posée : où envoyer l'éclopé pour refaire ses forces affaiblies ou rendre l'équilibre à ses nerfs ébranlés?

L'hôpital? c'est pour les malades.

L'ambulance? c'est pour les blessés.

Il fallut improviser des dépôts, pour l'installation desquels tout était à créer. Disposer d'un local, l'aménager, abriter les hommes, les coucher, les chauffer, les dévêtir et les soigner. Tout un matériel de literie, d'hygiène sommaire, de lingerie, de cuisine, de pharmacie était à trouver.

Peu de ressources, soit en personnel, soit en argent.

Alors que nos ambulances attirent et retiennent les empressements et les concours, le dépôt d'éclopés était et reste ignoré. Tous et toutes, vous avez, j'en suis certain, visité des ambulances parisiennes : vous en avez admiré la perfection et parfois même la recherche d'élégance.

Mais, j'en suis sûr aussi, vous n'avez pas visité de dépôts d'éclopés, d'abord parce qu'il n'y en a pas à Paris. Venez : je vais vous conduire.

Allons au plus près, au dépôt du B... Deux cents hommes environ sont abrités dans un bâtiment d'usine. Les paillasses sont sur le sol : ni matelas, ni draps, ni lits. Je ne vous demande pas encore votre pitié et surtout je vous interdis toute critique qui serait injuste. Ici, grâce aux efforts du service de santé et à la charité avisée de quelques femmes de tête et de cœur, le minimum indispensable est acquis. Paillasses, c'est vrai; mais chacun a la sienne. Température tiède et constante. Une petite lingerie modestement pourvue. Une infirmerie et sa pharmacie. Résultats satisfaisants : presque toutes les évacuations se faisant sur le front et très peu sur l'hôpital.

Allons à un dépôt voisin, à A... C'est déjà moins bien. Mais, comme le temps nous presse, transportons-nous plus loin, à C... ou à C... ou à V.-C..., à une distance où Paris n'étend plus son action. Il y a cinquante dépôts semblables. C'est alors une grande pitié.

A C..., deux mille éclopés, dont les trois quarts au moins n'ont d'autre couche que la paille jetée sur le sol. Pas de linge, pas ou peu de couvertures. Pas de chaussons. On a fait ce qu'on a pu ; et ce n'est presque rien.

Et je pense à Tariot. Est-il là, perdu dans cette foule résignée ? Est-ce bien là qu'il fait sa cure de repos ? Alors, quel repos !

Je sais bien qu'il n'est pas blessé, qu'il n'a pas ce reflet de gloire que donne la blessure de guerre. Est-il moins à plaindre, le « honteux » éclopé ? Je ne demande pour lui ni matelas, ni draps blancs. Mais une paillasse par terre, sa paillasse à lui, pour le soustraire à cette impression douloureuse et dégradante du troupeau parqué. Et puis, si on peut, une chemise, un caleçon, des chaussons. Voulez-vous ?

C'est cette misère que quelques hommes de bonne volonté ont découverte et m'ont signalée, en me priant de crier : « A l'aide ! »

Nous sommes désormais assez trempés et sûrs de l'avenir pour regarder en face les infortunes de la guerre. Depuis que le veilleur de nuit, dont parlait un orateur anglais, nous a montré l'aube naissante, le soleil de la victoire a franchi la ligne d'horizon. Il est assez haut dans le ciel pour qu'on puisse, sans diminuer son éclat, détourner un de ses rayons sur ces tristes refuges, auxquels il vous appartient d'apporter un peu de bien-être.

Noël! Noël! Le chant d'allégresse et d'espoir partout s'élève. S'arrêtera-t-il au seuil des dépôts d'éclopés?

(Le Gaulois.)

DÉPOTS D'ÉCLOPÉS

LETTRE AU JOURNAL « L'INFORMATION »

30 janvier 1915.

Monsieur le Rédacteur en chef.

L'article publié dans *l'Information* du samedi 23 janvier, sous le titre *Les dépôts d'Éclopés,* m'a causé une émotion que vous allez comprendre.

Après plusieurs visites aux dépôts du Bourget, d'Aubervilliers, de Beauvais, j'ai été amené à m'intéresser à cette catégorie, un peu ignorée alors, des victimes de la guerre. Je suis entré dans le Comité qui s'était formé pour lui venir en aide. J'ai sollicité des concours qui ont répondu à mon appel.

Et voici qu'avec le crédit qui s'attache à la sûreté habituelle de ses renseignements et au nombre de ses lecteurs, votre honorable journal fait une description enthousiaste du bien-être et du confortable assurés aux éclopés. Ce sont « les nuits calmes dans un lit bien chaud ». Ce sont « les médicaments, pansements et régimes nécessaires ». C'est « la table confortablement servie ». C'est « l'aile de poulet rôti ou la tranche de gigot cuit à point arrosées de bordeaux ou de fin bourgogne, puis la tasse de café aromatisée souvent d'un petit verre de rhum, avec le couronnement d'un bon cigare ou de quelques cigarettes ».

Le vestiaire aurait la même somptuosité que la table.

La conclusion s'impose et votre correspondant écrit : « LES DÉPÔTS D'ÉCLOPÉS *sont devenus un véritable pays de cocagne.* »

Si cela est vrai, je me suis, par ignorance et par légèreté, rendu coupable d'un abus de confiance. Je suis sans excuse, à l'heure où tant de misères nous sollicitent, d'avoir détourné la charité publique vers des refuges privilégiés où règne l'abondance, où rien n'est à faire puisque tout y est fait, jusqu'à l'excès, jusqu'à l'abus, jusqu'au gaspillage.

Sans perdre de temps, j'ai voulu revoir. Était-il possible que par un coup de baguette d'une fée bienfaisante, en quelques jours, la transformation se fût opérée et que le dépôt d'éclopés fût devenu l'Éden délicieux dont vous donniez la description?

Ce n'est pas à Châlons-sur-Marne, au dépôt visité par votre correspondant, que je me suis rendu. Je ne sais donc pas ce qu'une imagination généreuse a pu prêter de ses rayons à la dorure des poulets rôtis ou au miroitement dans le cristal taillé du fin bourgogne et du rhum parfumé. Il est possible que ce dépôt soit pourvu; mais la généralisation, appliquée à l'ensemble des dépôts d'éclopés, m'autorisait à porter mon contrôle sur tous autres ; et, puisqu'il faut préciser, j'ai visité à Creil les trois dépôts de Montataire, du Plessis et du Tremblay.

Cette visite ne laisse de place à aucune critique contre le personnel dirigeant. Le service de santé ne saurait d'aucune façon être mis en cause, d'abord parce que la direction des dépôts d'éclopés ne lui appartient pas et relève des commandants d'étapes, ensuite parce que sous cette direction les majors rivalisent de dévouement, de zèle et d'ingéniosité.

La question est ailleurs. Tout étant à faire, où en est-on ? Ayant vu, je le sais.

J'ai d'abord cherché les lits bien chauds et garnis de draps blancs. Je n'ai trouvé que la paille : vous entendez bien, la paille ; ainsi qu'en est avisé, dès son entrée, le visiteur par cette affiche clouée à la porte : « *Défense de manger sur la paille, sous peine de prison.* »

Je suis entré. Sur le sol, la paille étendue. Quelques rares paillasses, occupées par quelques privilégiés qui échappaient ainsi au sort commun du coucher à même et en tas. Ni lits, ni matelas, ni draps. Dans un angle, à nos pieds, un amoncellement de choses mouillées et boueuses; et comme l'un de nous soulevait le coin d'une pauvre tunique gluante, le tas remua, une tête apparut, un homme était là; il venait des tranchées; il avait les pieds gelés; il n'avait pu encore quitter sa chemise collée à sa peau (le dépôt en manquait); il n'avait pas encore sa paillasse (le dépôt en manquait). Une heure après, il a eu une chemise (parce que nous en apportions) et il s'est étendu sur une paillasse à lui (parce que nous en apportions).

J'ai visité la salle de pansement, où le major nous attendait et où j'ai vu ses doigts frémir d'impatience joyeuse en ouvrant les petits paquets étiquetés de pharmacie indispensable que nous lui apportions. Et, comme un oubli s'était produit et qu'un médicament demandé par lui faisait défaut, nous y avons pourvu en l'achetant à Creil, Cela ne coûtait que trois francs : encore fallait-il les avoir.

J'ai visité la cuisine. On faisait la soupe. Je n'ai pas vu de poulets rôtis, mais dans une courette, un bac de tôle servant de marmite. Je n'ai vu ni oranges, ni poires, ni pommes. Mais nous avions un sac de lentilles, que le cuisinier a accepté avec joie.

Oh! je vous en prie, insérez cette lettre que le Comité m'a demandé de vous écrire. Je ne fais pas appel à votre courtoisie, je m'adresse à votre humanité. Dites-vous que l'article du 23 janvier a pu décourager les bonnes volontés que nous avons groupées, qu'il peut arrêter en route nos ballots de chemises, de chaussettes, de légumes, de médicaments (nous en avons, hier, réparti

600 kilogrammes). Chacun fait ce qu'il peut : État, commandants d'étapes, majors et particuliers. Laissez-les faire. Mieux encore : contribuez à leur action. N'éteignez pas notre voix ; joignez-y la vôtre. Contre la presse nous ne pouvons rien. Avec elle nous pouvons tout.

Donnez-nous un témoignage efficace de votre bon vouloir. Du tort involontaire que vous auriez pu causer, faites sortir le bien que vous pouvez faire. Dites à votre tour que le dépôt d'éclopés a droit à une grande pitié et dirigez vers nous vos lecteurs, après avoir risqué de les en détourner.

Veuillez agréer, Monsieur le Rédacteur en chef, l'assurance de ma considération distinguée.

(Information.)

CONCERT INTERROMPU

13 décembre 1914.

A l'heure où les théâtres s'essaient à une timide réouverture, peut-être souffrez-vous de la suppression du théâtrophone. Je suis en mesure, au prix de quelques difficultés, de combler pour vous la lacune. Je sais, en effet, un théâtrophone qu'on vient d'inaugurer dans des conditions qui comportent, il est vrai, plus de pittoresque que de confortable et de sécurité. C'est malheureusement loin de Paris. Où? je ne sais pas. Là-haut, en Belgique, sur le front. J'ai sous les yeux le compte rendu de la première représentation.

Il est neuf heures du soir, et dans le

gourbi les artilleurs prennent leurs positions pour la nuit. Sonnerie du téléphone.

— Allô ! allô ! mon lieutenant.

— Qui parle ?

— Le téléphoniste de la 3ᵉ batterie. Mon lieutenant, aimez-vous la musique ?

— Vous dites ?

— La musique. Nous avons un phonographe avec un répertoire épatant.

— Bravo ! apportez-le demain.

— Mais non. Nous vous l'offrons ce soir par téléphone. Nous allons brancher votre ligne sur l'appareil. Nous avons déjà branché sur la division, sur le X...ᵉ d'artillerie, sur le Z...ᵉ d'infanterie et sur le poste central. Y êtes-vous ? On commence.

Et la romance du *Werther*, chantée par Beyle, est applaudie par les cinq groupes d'auditeurs.

— Attention ! *Ah ! c'qu'on s'aimait !* de Fragson.

Et la romance est acclamée.

— Allô! Entr'acte. La division transmet un ordre au Z...ᵉ d'infanterie.

Trois minutes d'arrêt.

— Allô! On reprend. Ballet de *Coppélia* par la garde républicaine.

On en était au milieu du ballet,

> Quand quelqu'un troubla la fête.

Dès le début de la représentation, trois pièces allemandes de 150 n'avaient cessé de faire leur partie dans le concert. Mais les obus, passant haut, n'avaient d'autre effet que de fournir au phonographe un accompagnement inoffensif. Ce n'est pas pour un tir mal réglé qu'on quitte sa place au spectacle.

Mais, soit hasard, soit renseignement, les obus se rapprochent. Les cimes des sapins, sous lesquels sont établis pièces et gourbis, craquent. Le tir se précise encore. Les fûts des sapins volent en éclats. Les gourbis deviennent intenables, un d'eux est éventré. Adieu, *Coppélia!* Vite aux pièces. La batterie est repérée. On attelle. Au trot. On va chercher un autre emplacement.

Le lendemain soir, le phonographe a donné sa seconde représentation; mais la batterie, bombardée la veille, a refusé le branchement qui lui était offert. Est-ce donc que l'émoi de la soirée précédente avait été trop vif? Vous plaisantez. C'est autre chose. C'est que, si le matériel était sorti intact de l'incident, un brigadier était tombé, qui jamais n'entendra ni au phonographe ni ailleurs la seconde partie du ballet interrompu; c'est que, pour un soir, la batterie était en deuil; c'est que, pour nos soldats, l'insouciance du danger s'allie au respect de la mort.

Vous comprenez pourquoi je vous ai conté cet épisode. Quand nous lisons dans un communiqué que l'état moral de nos troupes est excellent, n'est-il pas arrivé à l'un de nous d'accueillir avec réserve cette officielle assurance? Représentez-vous, avec le cadre et les détails que je ne saurais décrire, cette scène que n'a pu inventer ni celui qui me la conte ni celui qui vous la rapporte, et dites-moi si la preuve est faite.

« Jusqu'au bout! » C'est le mot d'ordre que nous a proposé M. le président du conseil et qu'il a fait acclamer par le Parlement et la nation tout entière. Oui : mais entendons-nous. Ce n'est pas jusqu'au bout de la vaillance et de l'entrain des enfants de France. Car c'est un bout qu'on ne verra jamais; et la guerre alors n'aurait pas de fin.

(Le Gaulois.)

LE JEUNE BARREAU

10 janvier 1915.

Il fait son devoir : les anciens lui en doivent le témoignage. Dans ces galeries du Palais, qu'animaient les discussions, les propos et la gaieté des jeunes, ceux qui restent ne s'entretiennent que des absents. On rapporte leurs actes de bravoure; on s'intéresse au sort des blessés; on tient pieusement la liste d'honneur, où déjà pour le seul barreau de Paris quarante-quatre noms sont inscrits sur le papier, en attendant qu'en lettres d'or ils resplendissent sur le marbre, pour être à jamais conservés à côté des plus illustres.

Des embusqués en proportion infime; ce qu'il en faut pour ne pas se singulariser.

Leur tenue est décente. On conte bien que certains d'entre eux avaient cru possible d'employer les loisirs que leur crée le séjour à Paris pour se présenter à la barre et plaider. Mais cette initiative n'a pas recueilli d'encouragements. Il a paru qu'un avocat, mobilisé pour la défense nationale, cessait d'être mobilisable pour la défense des clients, même si son emploi militaire l'immobilisait à Paris. Donc les avocats-soldats se tairont tous jusqu'au jour où tous pourront reprendre la robe et la parole. L'égalité gardera ses droits.

Elles les garde si bien, sur le front.

Pas de noms encore. Soumettons-nous à la règle, si belle en son austérité, de l'anonymat. Ce n'est que pour un temps dont le clairon de la victoire sonnera la fin.

Mais des faits : c'est permis.

Celui-ci portait sur son jeune front toutes les grâces et toutes les promesses dont se couronne au printemps un verger de France.

Un jour, le capitaine de sa compagnie demande quatre hommes de bonne volonté pour une mission dangereuse. Il se présente, et quinze autres avec lui. On tire au sort. Il n'est pas parmi les gagnants. Il s'avance :

— Mon capitaine, dit-il en désignant un des quatre, un petit paysan, ne prenez pas mon camarade. Il est marié, il a trois enfants. Je suis garçon ; donnez-moi sa place.

Il l'obtient, il part, il est tué d'une balle au front.

C'est simple : c'est bien.

Celui-là m'écrivait en août qu'il avait été sauvé par le fer de sa pioche, auquel il demandait un peu d'ombre et sur lequel une balle s'était aplatie ; et il en riait. Mais à l'heure où je recevais sa lettre, il était tombé, criblé par la mitraille.

Et cet autre, grand et beau garçon, dont les chroniques étincelaient de verve sous la couverture rouge d'une de nos plus hardies publications hebdomadaires, tué dans des conditions qui firent l'admiration de ses chefs.

Cet autre encore qui n'avait dû qu'à des démarches pressantes son départ pour le front, d'où l'éloignait une santé compromise, et qui, le soir du 24 décembre, recevait son Noël du Soldat, sous forme d'une balle mortelle. S'il n'a pas senti sur son front troué la douceur des mains de sa jeune femme, il s'en est consolé peut-être en pensant qu'au même moment celle-ci, dans une ambulance, surveillait le sommeil de ses blessés.

On dit que la Mort est aveugle. Erreur. Elle choisit bien, la gueuse !

Mais ils seront vengés, nos morts ; et les vivants continuent et achèveront le Grand Œuvre.

Écoutez et regardez. C'est la nuit de Noël. Sous la lune qui fait miroiter les flaques d'eau éparses sur le sol, une plaine s'étend, immobile et qui semble déserte. Pourtant voici qu'elle s'anime, et voici qu'elle chante. De la boue des tranchées vers le ciel un instant dégagé de ses nuages, un hymne monte. Il grossit, roule sur les champs désolés, éveille les échos du bois voisin et prend son vol. C'est la *Marseillaise* que le régiment lance dans la nuit claire. Les pieds sont dans l'eau, les membres sont raidis sous la boue glacée, mais aucune voix ne tremble, et si quelque larme furtive glisse sous une paupière, c'est le saint émoi de la Patrie qui la fait couler. Écoutez mieux encore, et vous reconnaîtrez, fondues dans le chœur, les voix de quatre jeunes avocats.

Je répète. Le jeune barreau fait son devoir. Rien à dire de plus. Je ne loue pas. La louange parfois offense.

(Le Gaulois.)

MASQUES

18 janvier 1915.

Le carnaval approche; un mois à peine nous en sépare. Nous ne devons pas nous en désintéresser. Nul ne désire assister au défilé des masques dans les rues de Paris. Il nous faut alors d'urgence (et c'est même un peu tard) arracher ceux dont se sont affublés, par l'effet de nos complaisances, les pires ennemis du pays, les meilleurs serviteurs des armées de Guillaume le Fourbe. La chasse au gibier est fermée, ce qui est bien. Le *Temps* a ouvert la chasse aux faux naturalisés : suivons-le.

Nous avons, en effet, dans l'octroi des naturalisations, atteint notre maximum de candeur naïve.

« La France se dépeuple, nous sommes-nous dit. Il y a un remède. Nous n'avons plus d'enfants, adoptons ceux des voisins. Nous y gagnerons en nombre et même en qualité. Car, si l'on a les enfants qu'on peut, on adopte ceux qu'on veut. C'est tout profit. »

Donc, à tour de bras, nous avons abattu les barrières élevées par les lois précédentes sur les pas des amateurs de nationalité française. Le législateur s'est adressé à eux avec ses plus engageants sourires.

« — Qui veut être Français? Entrée libre ou presque. Dix ans de résidence et, si vous trouvez que c'est trop long, un an de domicile autorisé, une pauvre petite année de douze mois, à la condition que vous ayez apporté en France des *services distingués,* ou introduit une *invention utile,* ou créé *un établissement industriel ou autre* (loi du 26 juin 1889). Ça va-t-il? »

« — Pas encore, ont répondu les étrangers, rendus exigeants. Nous acceptons les avantages de la nationalité française, mais nous en repoussons les charges. Nous voulons bien contribuer à élire vos sénateurs et vos députés, vous rendre des services distingués dont nous tirerons profit, créer chez vous des établissements industriels ou autres qui nous enrichiront aux dépens de vos nationaux, ou des banques qui draineront votre épargne. Mais nous ne voulons pas aller passer trois ans sous vos drapeaux. A ce prix-là, ça ne va pas. »

« — Trop juste, a répliqué le législateur. Nous laisserons la charge du service militaire à nos nationaux. Il vous suffira, pour vous en dispenser, d'attendre l'âge de vingt-quatre ans (loi du 15 juillet 1889), ou de vingt-sept ans (loi du 21 mars 1905). Vous demanderez alors votre naturalisation et, affranchis du service militaire, vous n'aurez plus qu'à faire les courtes périodes de réserve et de territoriale. Ça va-t-il mieux ? »

« — Tout à fait. »

Et c'est allé.

Et nous avons assisté à un spectacle qui est un outrageant défi au sens commun. Nous avons vu des jeunes gens, les uns Français, les autres étrangers, entrer ensemble dans nos grandes écoles, ensemble en sortir. Les uns prenaient alors le chemin du régiment, les autres s'employaient à se caser, s'emparaient sans concurrence des places, ou achevaient leur instruction pratique. Puis, comme il y a tout de même en France avantage à faire figure de Français, comme l'accès de certaines fonctions et professions n'est permis qu'aux Français, le jeune étranger, à vingt-quatre ans, à vingt-sept ans, se faisait naturaliser. Le jeune Français quittait le régiment, retrouvait son camarade d'école, devenu son compatriote, installé dans l'industrie, les grandes administrations, les professions libérales, avec son titre de Français tout flambant neuf. Et il se disait qu'il n'y a pas que Boubouroche qui soit une poire, et que la France est le plus beau poirier de l'Europe.

Ni l'Allemagne ni les Allemands n'ont laissé échapper cette aubaine. L'Allemagne y a trouvé une prime à son espionnage, ayant décidé que ces pseudo-naturalisations seraient sans effet en Allemagne (loi Delbruck). Et cela a duré vingt-cinq ans, pendant lesquels nous avons appelé des milliers d'Allemands et d'Autrichiens à la nationalité française.

Vient la guerre. Nous découvrons alors le soleil, la lune... et la duplicité allemande. Nous nous avisons que nous avons fait une bêtise et qu'il faut la réparer.

Le Parlement s'en charge; il y a un projet de loi. C'est parfait. Pour démolir ou assainir un établissement insalubre, personne ne vaut l'entrepreneur qui l'a construit et aménagé.

(Le Gaulois.)

PRO LUTETIA

9 février 1915.

Qui donc renseigne nos vaillants et les trompe? Qui nous calomnie? Insaisissable infiltration des agences louches que l'ennemi continue d'entretenir sur notre sol. Mais de divers côtés le bruit m'en revient. Il en est, sur le front et dans les tranchées de notre armée, qui doutent de Paris, qui l'imaginent oscillant entre le plaisir et la crainte, entre les petits théâtres, les thés-tangos et ses caves, qui croient que notre patience s'use, que notre fermeté s'amollit et que nos vœux, discrets aujourd'hui, affirmés demain, appellent la paix.

Ah! non! soldats nos amis, soldats nos enfants, ne croyez pas cela. Ils mentent, ceux qui vous tiennent ce langage; et leur mensonge est criminel, puisqu'il peut vous faire craindre un abandon moral, alors que vous n'avez pas un jour, pas une minute, cessé d'être le centre de nos pensées et de nos actions, et que nous vivons en vous, par vous, pour vous.

Vous ne voulez pas que Paris s'amuse; vous avez raison. Vous entendez laisser à Berlin les longues beuveries dans les brasseries bruyantes. Rassurez-vous. Paris ne s'amuse pas. Paris est grave. Vous avez lu que trois douzaines de têtes légères, auxquelles manquent (au figuré!) quelques onces de plomb sous le crâne, sont allées balancer des aigrettes intempestives au-dessus d'une tasse de thé et au rythme d'un orchestre : n'en concluez pas que toutes les hanches de Paris sont livrées aux assouplissements du tango. Paris est grave, de cette gravité qui n'est pas la tristesse et qui n'altère pas la confiance, mais qui, dans le recueillement des devoirs à remplir ou des sacrifices consommés, penche les têtes de vos mères, de vos sœurs sur le tricot qui vous protégera la peau ou sur la lettre qui vous fera chaud au cœur.

Vous ne voulez pas que Paris ait peur : vous avez raison. Mais d'où vous vient cet injurieux soupçon? Ah! oui, les Zeppelins, et Paris dans ses caves. Si vous voulez nous faire rire, le moyen est bon. Mais si vous voulez la vérité, la voici. Un soir, Paris fut plongé dans l'obscurité. Les volets et les rideaux furent invités à se fermer : ils se fermèrent. Et puis... Et puis on dîna. Et puis on se coucha — dans son lit. Et puis on dormit — sans cauchemar. Et puis on se réveilla. Le souvenir des Zeppelins revint alors, et ce fut avec une petite déception, faite de je ne sais trop quoi. Curiosité trompée? Non. Plutôt l'idée que, s'*ils* étaient venus, nous aurions couru un risque (oh! bien mince) et que, pour quelques minutes, l'illusion du danger nous aurait un peu (oh! si peu!) rapprochés de vous, qui dormez au bruit des obus et au sifflement des balles.

Je vous devine peut-être, jeunes grognards. Vous avez perdu depuis longtemps la sensation de la peur; vous en voudriez retrouver le petit frisson. Vous avez alors inventé celle-ci : la peur que Paris ait peur. Renoncez-y, mes amis. Paris n'a pas peur.

Et Paris ne demande pas la paix. Il la demandera quand vous le lui direz, quand vous aurez achevé votre œuvre. Coupez les lauriers d'abord, tous les lauriers. C'est alors seulement que nous irons au bois y chercher les branches d'olivier. Il se peut que, dans l'ombre propice d'un cabinet particulier, quelques pacifistes honteux aient entre eux agité la question d'une paix prématurée. Ce dont je suis sûr, c'est qu'ils n'ont pas continué leur conversation à haute voix dans la rue. Le bâillon leur aurait été appliqué si vite et si fort que l'étranglement s'en fût suivi.

Paris! je l'ai vu, tout récemment encore, grand, et fort, et beau, tel qu'il est : à l'anniversaire de la mort de Paul Déroulède. Une foule pressée et pourtant silencieuse. Les drapeaux tricolores décorant seuls les hauts fûts de pierre de Notre-Dame. L'entrée du cœur gardée par deux fillettes : une Alsacienne portant l'oriflamme de Strasbourg, une Lorraine, celle de Metz. Les chants liturgiques emportant dans leurs ondes vers le sommet des voûtes l'image, présente à tous, du grand patriote. Le profond silence de l'Élévation soudain rompu par la stridente fanfare des clairons sonnant aux champs. Une pieuse émotion courbant alors les têtes, une forte assurance les redressant ensuite. Une heure, enfin, où chacun se serait fait tuer sans y penser.

Voilà Paris, soldats. Il est fier de vous : gardez-lui votre confiance.

(Le Gaulois.)

UN BON GUIDE

23 février 1915.

Le vœu de Forain « que les civils tiennent » n'est pas si facile à réaliser. Car il ne suffit pas qu'ils tiennent; il faut encore qu'ils se tiennent : vous saisissez la nuance. Je vous recommande une recette dont je me trouve bien. Elle consiste à soumettre nos actions, nos écrits, nos paroles à cette question : « S'ils le savent au front, qu'en penseront-ils? » Il n'y a, en effet, que cela qui compte. Le guide est bon.

Je viens d'éprouver une fois de plus l'exactitude et l'effet bienfaisant de ce critère.

La lecture de la résolution votée par la conférence socialiste de Londres m'avait tout d'abord frappé de stupeur. J'avais partagé l'indignation générale en face d'un document qui ménage si attentivement nos ennemis, sert si bien leurs desseins et porte la signature de deux ministres dits de la Défense nationale. Je me demandais comment le gouvernement et le Parlement devraient s'y prendre pour condamner ce manifeste et ses auteurs. Nulle répression ne me semblait à hauteur du forfait qui consiste à affirmer, à l'instar des intellectuels allemands, « la part de responsabilité de chaque gouvernement, la mise hors de cause des peuples d'Allemagne et d'Autriche avec lesquels nous ne serions pas en guerre, et l'union prochaine des classes ouvrières de tous les différents pays se retrouvant dans la lutte contre le militarisme et l'impérialisme capitaliste ».

J'en étais là quand je me suis heureusement avisé de poser la question : « Si au front ils ont lu cela, qu'en ont-ils pensé? »

Et j'ai aussitôt senti tomber toutes mes colères et se répandre en moi l'apaisement et l'indulgence.

Ce qu'ils en ont pensé? Ils n'ont même pas dû se donner la peine de l'exprimer. Ils ont haussé les épaules. Ils ont jeté le papier ou l'ont conservé pour quelque usage ultérieur, et ont repris leur fusil pour guetter les Boches dans la tranchée d'en face.

Que voulez-vous que ces billevesées leur apportent de trouble ou de colère?

On peut bien, entre les quatre murs d'une salle close et couverte tenter de leur expliquer qu'ils ne sont en guerre « qu'avec les gouvernements de ces deux pays qui les oppriment ». A supposer qu'ils comprennent ce galimatias, ils savent bien que les prétendus opprimés y vont de bon cœur dans l'emploi des cartouches, des grosses marmites et des bombes incendiaires. Ils voudraient pouvoir inviter nos bons apôtres de la paix entre les peuples et de la guerre entre les classes à venir étudier sur place les façons fraternelles des opprimés du Kaiser et à constater qu'ils en mettent un peu du leur. Mais l'invitation serait déclinée; nos doctrinaires socialistes, quand ils s'occupent de la guerre, aiment mieux en disserter que d'y aller voir.

Croyez-vous que nos combattants soient, d'autre part, sensibles au conseil de « mettre fin aux intérêts des fabricants d'armements » ? S'ils ont saisi le sens de cette phrase, qui ne semble pas de facture française, ils n'ont pas dû s'empresser d'accueillir l'exhortation. C'est parce que les socialistes allemands n'ont fait nulle opposition à la fabrication de leur artillerie lourde, et parce que les socialistes français n'ont pas suivi cet exemple, que nos soldats ont arrosé de leur sang le terrain couvert par leur glorieuse retraite. Ils le savent, et, s'ils combattent avec cette ténacité qui provoque l'admiration du monde, c'est qu'ils savent aussi que derrière eux la fonderie sans arrêt vomit son métal en fusion et qu'il n'y a plus crainte de manquer ni de canons, ni de munitions, ni de fusils. La fabrique y trouve son intérêt : c'est possible. Nos armées y trouvent le leur : c'est certain. Les conférenciers de Londres peuvent en gémir. Leurs gémissements n'auront pas d'écho sur la ligne de feu.

Ainsi l'a compris M. le président du Conseil. J'ai reconnu dans son discours la virtuosité de mon brillant confrère. Il n'a pas eu un mot pour défendre ni excuser ses deux collègues du ministère et leur incartade. Il s'est détourné d'eux pour reporter ses regards sur la boue des tranchées : c'est le mieux.

Qu'importe même que ce soit toujours sur le même versant de la colline politique qu'on invoque l'union sacrée sans la pratiquer jamais? Je ne crois pas que dans la zone des armées la grosse voix du canon permette d'entendre les cris des oiseaux en querelle.

P.-S. — Au moment où je termine cet article m'arrivent du front ces vers, sans nom d'auteur. Ils confirment trop bien ce que je viens d'exprimer pour que je résiste à la tentation de les publier :

FRATERNITÉ

Ainsi donc, des chercheurs de causes,
Chez qui la phrase est un besoin,
— Et qui pour mieux juger des choses
Les examinent de plus loin —

Ont pu dire sans ironie
Ces mots que je n'entends pas bien :
« Nous combattons la tyrannie
Et non pas le soldat prussien. »

Ces formules sont lapidaires
Mais restent sans effet ici :
Et si les hommes sont des frères,
De ces frères-là, non, merci !...

* * *

Nous avons des frères sans doute !
Mais ceux-là sont plus près de nous.
Quand leurs rangs s'égrènent en route,
Qui donc y creuse de tels trous ?

Quand des espions, fiers de leurs crimes,
Se jouent de notre loyauté,
Le massacre de leurs victimes
Est-il de la fraternité ?

Nous avons, nous, d'autres manières :
Nous ne combattons pas ainsi,
Et si les hommes sont des frères,
De ces frères-là, non, merci !...

* * *

Si, derrière eux, nos jeunes filles
Sanglotent sur leur déshonneur,
Si nos toits flambent et pétillent,
Est-ce l'ordre de l'Empereur ?

Eh bien, soit ! Esclaves et traîtres,
Voilà des ennemis complets.
Ceux qui subissent de tels maîtres
Ne sont que des hideux valets !

Nous avons vu trop de misères,
Trop de feu sous le ciel noirci !
Et si les hommes sont des frères,
De ces frères-là, non, merci !...

(Le Gaulois.)

UN MORT A TUER

8 mars 1915.

Je le nomme : l'Alcool. Il a la vie dure. Nous avons espéré sa fin prochaine, quand nous l'avons vu, sous les coups de la Chambre, se débattre dans les dernières convulsions. Il vit encore et, pour échapper à la mort, il trouvera, si on le laisse faire, un moyen : il changera de robe.

Condamné sous la robe verte et sous l'étiquette « Absinthe », il a, pour ressusciter, toutes les couleurs du prisme et cent noms divers à sa disposition. Il se costumera en jaune, en brun, en rouge. Il s'appellera Bitter, Amer, Vermouth, etc. Il ne manquera pas de se dire « hygiénique, ou tonique, ou oxygéné, etc. ». Et il continuera son œuvre. Et quelle œuvre!

Cependant, autour du malade, nos docteurs du Parlement s'assemblent et consultent. Il faudrait mettre fin à l'agonie; ils la prolongent. Ayant retrouvé toute leur vertu parlière, ils imaginent des dosages. Par le soin qu'ils y apportent, ils rappellent ces buveurs d'absinthe qu'autrefois, à l'heure verte, on voyait aux terrasses des cafés distillant, goutte à goutte et d'une main qui tremblait un peu, l'eau de la carafe au-dessus de leurs verres, pour obtenir l'homogénéité rituelle de la boisson meurtrière.

A quelle distance des établissements publics, de la maison d'école ou du cimetière pourra-t-on avoir de nouveaux assommoirs?

— Cent mètres.

— Non; c'est trop. Cinquante.

— Ce n'est pas assez. Transigeons : soixante-quinze.

— Allons pour soixante-quinze.

C'est avoir, pour le choix d'un chiffre, le sens de l'actualité.

Donc, tempérance en deçà des soixante-quinze mètres : alcool au delà !

Vraiment, la Chambre croit-elle que c'est ce qu'on attend d'elle et ce qu'exige le salut d'une nation? Conservez nos jolis vins de France, nos fines champagnes, et les liqueurs à base de vin. Mais tuez le reste. Tuez l'alcool et ses dérivés. Jamais, sous le couteau, n'aura passé assassin chargé de plus de crimes.

Pourquoi n'osez-vous pas? Vous craignez le vertige, en vous élevant à des altitudes qui ne vous sont pas familières et en franchissant le niveau des préoccupations électorales.

On ne vous en demande pas tant.

Faites confiance à la France qui se bat et qui sera la France de demain. Vous serez réélus tout de même — et d'autant mieux.

Représentez-vous le jour où nos troupes,

ayant achevé l'œuvre sacrée, défileront sous l'Arc de triomphe et descendront, drapeaux déployés, les Champs-Élysées en fête. Ne croyez-vous pas que, si elles trouvent alors en place les misérables petits échiquiers où vous aurez manœuvré pendant tant d'années les pions de la faveur, de l'intérêt, de l'appétit, elles les renverseront au passage? Croyez, au contraire, qu'après avoir fait le sacrifice de leur sang, elles vous sauraient gré d'avoir assuré le sacrifice des apéritifs et la fermeture de quelques bistros.

Que craignez-vous encore?

Peut-être avez-vous des soucis budgétaires? Ne faudra-t-il pas indemniser ceux dont vous aurez retourné les chaudières et jeté bas les alambics? C'est à vous d'en décider : vous avez, en votant la suppression de l'absinthe, réservé la question des indemnités. Je n'ose la trancher. Je risque une réflexion, qu'une promenade m'a suggérée.

J'ai voulu voir, aux Invalides, les canons pris à l'ennemi. Je n'ai pas entendu dire que personne proposât d'indemniser ni ceux qui les ont construits, ni ceux qui les ont pointés contre nous. Et pourtant si on pouvait savoir ce qu'a fait de victimes un de ces canons, et ce qu'en a fait un fût d'absinthe, de quel côté serait l'avantage?

— Mais, me dit quelqu'un, il n'y a pas d'analogie.

— Croyez-vous? C'est possible; et je ne conclus pas.

— Et puis, questionne un autre, deviendriez-vous socialiste?

— Que sais-je? Les mots vont bientôt changer de sens. Et ce ne sont ni les idées, ni les mots qui me font peur. Ce sont les hommes qui souvent m'inquiètent.

(Le Gaulois.)

VIEILLE HISTOIRE

21 mars 1915.

Comme le temps passe, et comme les mois s'écoulent, bien que parfois les jours semblent longs! Vous souvient-il encore de ce soulèvement impétueux d'opinion qui s'est produit à la fin de l'année dernière, en face d'un péril national, celui des naturalisations qui nous avaient été audacieusement escroquées et qui, par le jeu de la loi Delbruck, avaient mis aux mains de l'Allemagne un admirable instrument d'espionnage? L'accord s'était fait aussitôt; il fallait agir sans tarder, arracher à ces mauvais fils d'adoption le masque dont ils s'étaient affublés et démolir l'abri derrière lequel se continuait leur œuvre funeste.

Comme c'est loin! Qui donc y pense encore? Est-ce fait? Ne l'est-ce pas? On ne sait plus; on ne s'y intéresse pas.

J'avoue que j'y pense encore et je ne suis pas le seul. J'ai pour compagnons (sans en être fier) nos faux naturalisés, qui savent bien que rien n'est fait, qui suivent d'un œil amusé les détours du travail parlementaire et qui comptent bien, au train dont vont les choses, voir rougir nos cerises et jaunir nos blés, avant que soit troublée leur quiétude.

Résumons.

Au mois de janvier, le gouvernement présentait à la Chambre un projet bénin, bénin, qui l'autorisait à retirer le bénéfice de la naturalisation aux sujets originaires des puissances en guerre avec la France dans les cas où ils auraient conservé leur nationalité d'origine, ou porté les armes contre la France, ou déserté leurs obligations militaires, ou prêté à l'occasion de la guerre une aide à l'ennemi. Avouez que c'était bien le moins qu'on pût faire. A la condition de n'être pas pris la main dans le sac de la désertion ou de la trahison, nos faux frères passaient au travers des mailles du filet.

Mais on s'excusait de faire mal en disant qu'il fallait faire vite. « Nous n'avons pas le droit de discuter ; la solution doit être immédiate. Votez ! votez ! le temps presse ! »

Et l'on vota.

La loi s'achemina alors vers le Sénat. Le trajet est court des rives de la Seine au jardin du Luxembourg ; mais la route monte. Ce qui explique peut-être que la loi mit six semaines à gravir la pente.

Il y eut, le 5 mars, une bonne et belle séance au Sénat. Un sobre et émouvant discours de M. Jenouvrier arrachait un vote favorable au retrait de plein droit des naturalisations obtenues par les sujets des puissances ennemies depuis le 1er janvier 1913, sauf la faculté pour le gouvernement de maintenir, pour motifs graves insérés au décret qui serait publié dans le *Journal officiel*, les naturalisations qui paraîtraient mériter cette faveur.

C'était une réponse claire et mesurée à la loi Delbruck.

Mais comme l'adoption de l'amendement compromettait l'ordonnance des dispositions déjà votées, le Sénat décida qu'il serait procédé à une seconde délibération.

Elle eut lieu huit jours après et il en sortit un texte où j'imagine que M. Jenouvrier eut quelque peine à reconnaître son enfant et dont je ne retiens que les délais fixés.

La loi devra retourner à la Chambre. Admettons qu'elle ait, à la descente, la marche plus rapide. Ci : quinze jours.

Un décret d'administration publique devra être rendu. Minimum : un mois.

Quinze jours après le décret, un état nominatif de ces naturalisations paraîtra au *Journal officiel*.

Et, TROIS MOIS après, le même *Journal officiel* fera connaître avec motifs à l'appui les naturalisations maintenues ou celles retirées.

Et cela donne, si je compte bien, cinq bons mois pendant lesquels les naturalisés les mieux convaincus d'indignité conserveront leur qualité de Français, continueront de nous infliger leur contact et entretiendront chez nous leur école d'espionnage.

Ce ne sont pas seulement les cerises qui auront le temps de mûrir, mais aussi les raisins et les pêches.

Pourquoi, direz-vous, tant d'hésitations et d'égards? — C'est que nous avons le respect « des droits acquis ».

Droits acquis! La Belgique martyre n'en avait-elle pas à sa neutralité? Et nos enfants, qui versent leur sang, n'avaient-ils pas des droits acquis à la paix de leur foyer, au champ dont ils ne creuseront pas les sillons cette année, au travail fécond et tranquille pour lequel nous les avons élevés?

Droits acquis! Allez voir ce que l'incendie, le pillage et l'assassinat en ont laissé.

« Sans doute : mais nous sommes, nous, les champions du droit et de la civilisation. Nous n'usons pas de représailles. Nous préférons garder cent espions plutôt que de troubler les habitudes de vie d'un Allemand qui peut-être fut sincère dans son amour du ciel et de la terre de France. Nous ne voulons pas que l'individu expie, si peu que ce soit, les crimes de la collectivité. Et c'est pourquoi nous prenons notre temps. C'est pourquoi, bonne et indulgente nourrice, la France ne retire pas sa mamelle à ces mauvais nourrissons qui la mordent et la rongent : elle a peur d'écarter d'elle un innocent. »

C'est sans réplique : et je me le dis souvent dans un style moins noble. Nous sommes d'incorrigibles jobards.

(Le Gaulois.)

ENSEIGNEMENTS

27 mars 1915.

Je me suis abstenu de me mêler à la cohue qui, quatre jours de suite, a assiégé les audiences du procès Desclaux. La clinique ne tente pas ma curiosité. Lorsqu'on ne concourt pas à l'amputation d'un membre atteint par la gangrène, il vaut mieux ne pas s'exposer à l'odeur de la salle d'opération. On attend le résultat. Quand il est connu, on a le droit de rechercher l'origine du mal pour s'en préserver à l'avenir et recueillir des enseignements profitables à la salubrité publique.

L'homme ici est indifférent, et je n'ai pas accoutumé de frapper les gens à terre. Quelque crapuleux, suivant le mot des criminalistes, que soit l'acte, la dette est payée par la condamnation. Cet homme, au surplus, ne paraîtra pas sans excuse, si on veut bien le considérer comme le sous-produit nécessaire et inévitable d'un régime où la France fut un temps menacée de s'embourber, d'où elle s'est relevée dans un brusque sursaut qui a fait l'admiration du monde.

Du jour, en effet, où l'exercice du pouvoir cesse d'être aux yeux de tous la garde vigilante des intérêts nationaux pour devenir aux mains de quelques-uns la satisfaction des ambitions et appétits personnels, la politique se transforme en une guerre de partisans. La victoire reste alors au parti le plus audacieusement commandé et disposant des troupes les plus ardentes à la bataille et au butin, fussent-elles inférieures en nombre.

Pour recruter, grossir et tenir en haleine cette armée, le chef a besoin d'un état-major soumis à une inflexible discipline. Ses agents devront être prêts à tous les services ; il ne leur sera jamais demandé compte des moyens ; ils seront largement récompensés des résultats. Ils subiront les caprices et les colères du maître : ils auront le droit de passer leurs insolences sur leurs subordonnés. On ne pourra dès lors les trouver que dans ces couches inférieures où la conscience et le scrupule ne font pas obstacle à la servilité. Ils seront tirés de l'ombre suspecte où l'œil du chef a su les distinguer. Ils seront attachés à sa fortune, non par la reconnaissance dont ces âmes vulgaires sont incapables, mais par l'appât renouvelé d'un énorme salaire. Ils seront entretenus dans la croyance que par le patron on a tout, que sans lui on n'a rien ; ils se sentiront par sa faveur élevés au-dessus de la justice et des lois.

Il leur sera démontré que ni les promesses, ni les menaces du chef ne sont vaines. Quand il promet, il est assez puissant pour tenir. Quand il menace, il ose exécuter. Il brave la justice; et sur un geste de lui la justice recule et se détourne. Avec lui que pourrait-on craindre? Rien ni personne.

Ainsi s'explique sans effort un Desclaux. Son ascension ne l'a ni surpris, ni grisé : il y a pris la mesure de la toute-puissance du maître et s'est assuré du même coup de son propre pouvoir. Comment en aurait-il douté, soit quand il alignait ses profits de gros fonctionnaire, soit quand il attachait la rosette au revers de sa jaquette, soit quand il voyait le drap de sa manche d'uniforme disparaître sous les galons? Tenez pour certain qu'il n'a compris ni l'accusation dirigée contre lui, ni la bassesse de ses larcins, ni la condamnation qui l'atteint.

« Quoi! tant de bruit pour quelques gigots et rognons, quelques sacs de riz ou de café! » Il n'y avait nul droit : il le sait.

Mais à ses fonctions, à sa rosette, à ses galons quel droit avait-il ?

Et la justice le frappe ! la justice dont il avait eu l'occasion récente de constater l'indulgence et le fléchissement.

Comment comprendrait-il ?

Reconnaissons donc que cet homme était dans la logique de l'enseignement qu'il a reçu et négligeons-le.

Élevons au-dessus de lui nos mépris et nos haines. Conscients du péril auquel nous avons échappé, engageons-nous à écarter de nous le joug dont nous avons subi l'humiliation et sous lequel l'empereur allemand nous croyait écrasés.

Républicains, haïssez le système qui a failli déshonorer la république.

Français, haïssons-le tous, puisqu'il a failli perdre la patrie.

(Le Gaulois.)

APOLOGUE

6 avril 1915.

C'était dans des temps très anciens.

Un seigneur possédait un domaine dont la richesse et la beauté suscitaient l'envie. La terre en était plaisante et féconde. Les granges ne suffisaient pas à loger les pailles et les foins; chaque année, le plancher des greniers craquait sous le poids du blé nouveau.

Un de ses voisins, dont le château fort retentissait sans cesse du bruit des armes et du fracas de la mousqueterie, résolut la conquête du pacifique domaine. Il s'y abattit un jour, massacrant femmes, enfants et vieillards, brûlant les meules, incendiant les maisons, ne laissant sur son passage que sang, ruines et cendres.

L'autre se mit en mesure de repousser l'agresseur. Ses fils et ses gens étaient vaillants; mais ils n'avaient ni le nombre, ni la longue accoutumance des exercices guerriers, ni la cruauté sauvage des hordes qui roulaient indéfiniment leur flot sur le sol ensanglanté.

Le seigneur assailli alla trouver ses autres voisins. Il leur fit voir le pays dévasté, les ruines fumantes, les innocentes victimes jonchant le sol ou pendues aux arbres. Il s'adressa à leur justice, il fit appel à leur intérêt. Il ne fut pas écouté. « Attendez la saison prochaine, dit l'un. Je manque de pertuisanes. »

« Mon cœur est avec vous, lui dit l'autre. Mais j'ai un voisin qui me jalouse et me guette : il m'attaquerait peut-être. »

Et ils se détournèrent.

Quand il rentra chez lui, le bon seigneur

trouva ses fils assemblés. Avant même qu'il eût pu parler, l'aîné lui dit :

« Père, ne nous faites pas savoir le résultat de vos visites; nous n'avons pas besoin de le connaître. Ayez en nous meilleure foi. Voyez nos bras durcis au maniement des armes, notre peau brunie aux rudes baisers des nuits d'hiver. Déjà nous avons fait reculer l'ennemi, déjà nous distinguons dans la fumée des incendies et des batailles la lumineuse silhouette de la Victoire. Laissez-nous, sans inutile escorte, nous élancer vers elle. Nous ne reviendrons pas tous; mais, pour vous garder le sol consacré par le sang de ceux qui sont tombés et tomberont encore, nous avons fait le sacrifice de la vie. Quand, au retour, vous ouvrirez vos bras aux vainqueurs, ce n'est que sur vos fils que vous les refermerez. »

Ainsi firent-ils, et, comme ils l'avaient promis, ils ramenèrent la Victoire.

La prospérité revint avec la paix. Les

sillons se rouvrirent pour recevoir la semence nouvelle. La terre était si gorgée de sang que les épis y vinrent plus drus et plus lourds qu'on ne les vit jamais. Les voisins accoururent pour contempler la moisson miraculeuse. Quand le jour fut venu d'y mettre la faux, ils offrirent leurs ouvriers, leurs bœufs et leurs chars pour la couper et l'engranger. Mais d'un geste grave le seigneur, dont les cheveux avaient blanchi, dont les yeux étaient rouges encore des larmes versées, les écarta :

« Non. Laissez. Au labour et aux semailles, mes fils ont suffi. Ceux qui me restent suffiront à la moisson. »

Je ne sais pourquoi ce vieux conte me revient à la mémoire quand je lis les informations relatives à l'attitude et à l'opinion des neutres. Nous faisons de grands efforts de démonstration pour les convaincre. L'entreprise me paraît inutile et décevante. Nous voulons leur prouver que l'Allemagne a prémédité, préparé, déchaîné la guerre. Croyez-vous qu'ils en doutent? Nous nous épuisons à établir que l'Allemagne a renié ses engagements en violant la neutralité belge. Qui ne le sait? Nous dressons à coups d'enquêtes l'inventaire des incendies, des brigandages, des crimes sauvages, des assassinats et des viols. Qui donc les ignore?

Mais ce n'est pas le sentiment qui inspire la politique des peuples : c'est l'intérêt. On n'a le droit ni de s'en étonner ni de s'en indigner. De son intérêt chaque peuple est seul juge : les exhortations et les conseils sont ici hors de propos. Mieux vaut dès lors s'en abstenir. Cessons d'interroger les Alpes et de questionner les Balkans. N'ayons d'attention que pour nos soldats de France et nos fidèles alliés. Mettons en eux seuls notre espoir et notre confiance; ils ne la tromperont pas. Le monde en sera bientôt convaincu. Cela seul importe.

(Le Gaulois.)

Mᵉ BÉTOLAUD

10 avril 1915.

Ce n'est pas seulement sur le front et dans les tranchées que la guerre exerce son action dévastatrice. A l'arrière aussi elle frappe et tue. Qui de nous n'en fait chaque jour l'expérience? On se tient, on se raidit, on crâne. Il est des heures pourtant où sous le poids de l'inquiétude, où sous le coup d'un deuil cruel et glorieux, on se sent fléchir. On replace d'un coup d'épaule le sac devenu trop lourd, on tend le jarret, on reprend la route. Quelques-uns tombent pour ne plus se relever.

Ces réflexions paraîtront hors de propos pour ceux qui, ne connaissant pas Mᵉ Bétolaud, sauront seulement qu'il avait atteint les limites extrêmes de la vieillesse et que depuis deux ans il figurait comme doyen en tête de notre ordre. Mais nous qui admirions sa résistance aux atteintes de l'âge, qui voyions sa haute stature demeurer aussi droite que restait lucide et puissant son jugement, nous ne mettons pas en doute qu'il fût de taille à repousser longtemps encore l'assaut de la mort. Il a, malgré sa force d'âme, capitulé devant elle. La faute en est à la guerre qui, en ajoutant un deuil aux épreuves que comporte une longue vie, l'a frappé trop près du cœur pour qu'il y pût survivre.

C'est l'achèvement d'une carrière qui, par l'unité de direction, la conception et l'accomplissement du devoir professionnel, restera comme un exemple de droiture, de conscience et d'honneur.

A ceux qui considèrent l'avocat comme le défenseur intéressé et complaisant de toutes les causes, bonnes ou mauvaises, honnêtes ou suspectes, qui s'offrent à lui, la vie de Mᵉ Bétolaud apporte une complète réfutation. Loin d'accepter un dossier les yeux fermés, il se faisait le juge exigeant et sévère du procès auquel on lui demandait de prêter son concours. S'il y découvrait que sur un point quelconque la bonne foi et la probité eussent été méconnues, son refus était certain, implacable : il n'était ni argument ni tentation pour le faire fléchir.

Ainsi se conquiert l'autorité. Ce n'est pas une conquête qui se fasse en un jour et qui soit le résultat d'un brillant tournoi d'éloquence. Il y faut des années d'une étroite surveillance de soi-même. Il faut n'avoir jamais été surpris en flagrant délit d'inexactitude; il faut que toute affirmation de l'avocat trouve dans les pièces sa vérification rigoureuse et que jamais l'interprétation ou le commentaire d'un fait ou d'un texte en devienne l'habile dénaturation. A ce prix l'avocat est accepté comme collaborateur du juge, qui se sent en sécurité et qui sait n'avoir ni contrôle à exercer, ni surprise à craindre. Il n'est pas de vertu plus belle, pas de gloire plus pure. Personne n'a eu plus de droits que M⁰ Bétolaud à cet éloge.

Son éloquence exerçait une attraction qu'elle ne devait qu'à la clarté de ses exposés et à la puissance de sa dialectique. Point de ces recherches et de ces grâces qui risquent souvent de tourner au précieux et à la manière. Une voix grave, forte, âpre. Un langage sobre, ferme, châtié. Une ordonnance irréprochable, une argumentation sans lacune, un raisonnement si serré, si suivi qu'il imposait la conclusion. L'art de convaincre enfin, qui a permis à Mᵉ Bétolaud de tenir tête victorieusement, dans les plus grands procès, à ces avocats qui ont au milieu et à la fin du dix-neuvième siècle jeté sur le barreau de Paris un éclat dont il reste illuminé.

Il y a plus de vingt ans que l'Institut

lui avait ouvert ses portes. Nous croyons savoir que l'Institut ne s'en est pas repenti, que là encore Mᵉ Bétolaud exerça son autorité, qu'on y prenait et suivait ses avis. Il nous aura devant ces autres juges, qu'on dit sévères, bien représentés.

Et tristement, je regarde ce livre rouge qui porte à leur date d'inscription au tableau les noms de mes confrères. Combien en est-il aux dernières pages qu'il a fallu rayer de la liste! Jeunes gens tombés les armes à la main, sur qui nous avions fondé nos espoirs et que nous ne reverrons pas. Et laissant sous mes doigts glisser les feuilles, je remonte à la première page et je passe un trait noir à la première ligne sur le premier nom.

Jeunes avocats que nous aimions, doyen que nous respections, vous vous êtes rejoints dans la mort. Rejoignez-vous dans notre mémoire et notre reconnaissance.

(Le Gaulois.)

UNE DÉFAITE

25 avril 1915.

C'est officiel ; donc on en peut parler. Nous avons essuyé une grave défaite. On sait le chiffre exact de nos pertes : 24 816. Les Allemands d'ailleurs n'y sont pour rien : ils n'ont pas, dans cette bataille par nous perdue, tiré un coup de fusil. Car le désastre est du premier semestre de l'année 1914.

En six mois, le nombre des naissances a diminué en France de 3 971, le nombre des décès a augmenté de 20 845. Sans qu'aucune épidémie, aucun événement anormal y ait contribué, le total est exact : 24 816.

Et c'est effrayant.

Sur quoi, les économistes et les savants se concertent ; on reprend les enquêtes sur les causes du mal, et les travaux des commissions sur les remèdes appropriés; les Académies délibèrent et les projets de loi s'élaborent. Mais comme, en dépit des enquêtes, des discussions des Sociétés savantes et des délibérations académiques ou parlementaires, le mal persiste et s'aggrave, il semble bien que ce n'est ni dans les magasins de l'Institut, ni dans les ateliers du Parlement qu'il faille chercher la glaise où se pourra modeler la statue de la Fécondité française.

C'est que le mal n'a pas son origine dans l'insuffisance de nos lois successorales, fiscales ou d'assistance. Il a sa cause dans nos mœurs qui, sous l'influence de prédications incessantes et variées, ont, dans toutes les classes, subi une irrésistible évolution.

On veut vivre sa vie, on poursuit le mieux être à l'aide du moindre effort. Des enfants : quel embarras et que de charges! Quel poids mort dans la course à l'argent, aux honneurs, au plaisir! Quel lest à entraîner dans son ascension! Car on veut s'élever.

Tout bourgeois veut bâtir comme les grands, seigneurs;
Tout petit prince a ses ambassadeurs.

Si malgré tout, un peu par surprise, un peu pour animer la maison, les enfants viennent, on les aime. Mais pour les aimer bien, ne faut-il pas réduire leur nombre? On a pour eux l'ambition qu'on avait pour soi-même. Le laboureur ne veut pas à son fils léguer sa charrue, ni l'ouvrier son sac d'outils, ni le petit commerçant son comptoir. Chacun d'eux rêve de voir ses enfants fonctionnaires ou médecins, ou huissiers, ou notaires, ou avocats. Cela coûtera; mais si on n'a qu'un enfant, on s'en tirera. Le bourgeois, de son côté, calcule ce qu'il pourra consacrer de son argent à l'établissement de ses enfants. S'ils sont plusieurs, la dot de chacun sera mince ; si on n'en a qu'un, la dot sera ronde et c'est le beau mariage en perspective.

Et le rêve se réalise. Le fils de l'ouvrier est petit fonctionnaire, notaire de village, médecin sans clientèle, avocat sans causes. Il vit chichement, et, quand il se marie à son tour, la prévoyance lui commande de limiter le nombre des convives à la table de famille où il n'y aurait pas, tous les jours, du pain pour tout le monde. Le fils du bourgeois a fait sans amour le mariage riche, mais s'apercevant que la vie est plus chère en ménage qu'il n'avait cru, et voulant que ses enfants soient fortunés et bien dotés aussi, il fait les mêmes calculs que fit autrefois son père et, pour augmenter le quotient de la division, il diminue le chiffre du diviseur.

Faites des lois, remaniez l'assiette de l'impôt : ce sera juste, parce qu'il est scandaleux que celui qui s'est affranchi des charges privées ait encore le profit d'échapper aux charges publiques. Mais si les mœurs ne changent pas, ne comptez pas que la lecture des lois et de la feuille de contributions pousse le célibataire au mariage, et les ménages sans enfants à l'abandon de leur prudence.

N'est-ce pas, dès lors, l'insoluble problème? En face des mœurs, toutes les mesures ne sont-elles pas inefficaces? Il semble, en ce cas, qu'entre le mal et son remède il y ait toute la distance qui sépare la doctrine de la réalité. Voyez l'alcoolisme : les ligues, les conférences, les enseignements scolaires, les campagnes de presse n'ont jamais arrêté un ivrogne au seuil du cabaret; et ce sont maintenant les femmes qui s'en mêlent.

Faut-il donc renoncer à tout espoir? Je ne crois pas : et c'est la guerre, la terrible guerre, avec ses tristesses, ses ruines et ses deuils, qui me fournit les raisons d'espérer

Entre les transformations bienfaisantes qu'elle a opérées instantanément, il en est une que nous avons tous notée. L'argent, qui était devenu, dans la conduite de nos efforts, le grand, le principal souci, a été progressivement relégué au rang des accessoires de la vie. Rappelez-vous. Quelle était, avant la guerre, la partie du journal sur laquelle, le plus souvent, vous trouviez fixés les regards des bourgeois, rencontrés dans les tramways, dans le Métro, dans la rue? C'était la chronique de la Bourse. Qui la consulte aujourd'hui? D'ailleurs il n'y en a plus.

L'argent? on n'en désire plus que pour en pouvoir offrir à la défense nationale, à nos combattants, à nos blessés, à nos orphelins, à ces œuvres innombrables qui nous sollicitent. L'argent? on se sent un peu de mépris pour ceux qui actuellement en gagnent et se gardent de s'en vanter. L'argent? Ah! que d'abord la France

triomphe et que nos enfants reviennent!
Après quoi, on se débrouillera.

Autre remarque. N'avez-vous pas observé, dans votre entourage et parmi vos amis, qu'à l'heure des grandes angoisses patriotiques de la fin d'août, le découragement et le doute exerçaient surtout leurs ravages parmi ceux qui n'avaient aucun de leurs proches sous les drapeaux? C'était ceux-là surtout qui s'alarmaient, cherchaient des abris et assiégeaient les gares. Ils ne voyaient et ne pouvaient voir que le péril, n'ayant pas le baume salutaire des lettres expédiées du front, chiffons de papier où palpitait l'âme immortelle de la patrie. Tenez pour certain que leur inquiétude s'aggravait d'un autre trouble : l'obscure conscience et le tardif regret de l'inaccomplissement du grand devoir qui consiste à donner à son pays des bras pour le défendre. Remords auquel on ne voudra plus s'exposer désormais.

Espérons-le ; croyons-y.

La flamme du patriotisme brûle trop ardente pour qu'elle s'éteigne le soir de la dernière bataille. Nous aurons pris alors l'habitude de la victoire. Nous n'accepterons plus l'humiliante défaite que nous dénoncent les statistiques. Voulant une France toujours plus grande, ayant pour elle versé leur sang, ayant vu pour elle mourir amis et frères, nos enfants ne se résigneront pas à l'inutilité du sacrifice. Ils ne sépareront plus leurs intérêts de ceux de la nation : ils lui restitueront sa fécondité. Les tranchées leur auront enseigné l'art de réparer les brèches : ils répareront celle que l'égoïsme individuel du temps de paix et les deuils de la guerre ont ouverte au flanc de la France dépeuplée.

(Le Gaulois.)

LA SIXIÈME ARME

30 avril 1915.

Ne croyez pas que, sous ce titre, je veuille à mon tour vous entretenir des fumées asphyxiantes dont nous devons l'introduction dans la guerre moderne à la haute Kultur des chimistes allemands. Le mot « arme » a droit au respect. Il sonne franc; il a du luisant et du poli; il a des airs de noblesse et de loyauté. Ce serait le déshonorer que l'appliquer à des procédés ignobles et lâches qui ne ressemblent pas plus à des armes que le bol de vitriol de la pierreuse ou le foulard du père François. Alignons cette infamie au passif déjà si chargé du compte à régler, fermons les narines et détournons-nous vers de plus nobles spectacles, ceux qu'on a chez nous.

J'assistais, il y a quelques jours, à une réunion peu nombreuse et presque familiale, exclusivement composée de petites ouvrières parisiennes. Il s'agissait d'entendre le compte rendu annuel des opérations de leur syndicat.

J'ai appris là bien des choses.

Il me fut d'abord révélé que depuis vingt-cinq ans il existait à Paris un syndicat, presque unique en son genre, où des ouvrières, au lieu de guerroyer contre les patrons et patronnes, s'étaient associées avec eux et s'en étaient bien trouvées, prévenant ou réglant à l'amiable tous les conflits, et résolvant les problèmes de la vie ouvrière, au mieux de leurs intérêts, par l'entente et la conciliation.

L'union féconde, à défaut de l'union sacrée, qui n'existait pas encore : c'était déjà bien. Le reste est mieux.

Au nombre des humbles souffrances,

dignement supportées, que la guerre a déchaînées, ne croyez-vous pas que notre cœur doive réserver une place d'honneur à la petite ouvrière? Elle avait au mois de juillet vu se fermer, pour un temps, croyait-elle, la porte de l'atelier qui ne devait pas se rouvrir. Pour faire face aux difficultés pressantes de la vie, elle n'avait rien que son aiguille menacée de rester sans emploi. C'était, en effet, l'aiguille du temps de paix, de luxe et de plaisir. C'était l'aiguille fragile et fine, experte à courir agilement dans les tissus légers et souples, dans les broderies et les dentelles. Que pouvait-elle en faire?

Résolument, elle la cassa, la remplaça par une autre plus solide et plus dure et se mit en quête. Les ateliers restant fermés, les ouvroirs s'installèrent. Les petites ouvrières s'y groupèrent. On leur fournit les matières premières, la laine, la flanelle de coton, la grosse toile à musettes et paillasses, sur lesquelles les doigts se raidirent pour l'effort nécessaire. On vit alors s'élever ces montagnes de chemises, de caleçons, de tricots, de chaussettes qui fondaient ensuite comme la neige des glaciers pour se répandre jusqu'aux tranchées en ondes bienfaisantes de chaleur protectrice. Et ainsi la petite ouvrière atteignait ce double résultat d'assurer dignement par le travail sa maigre subsistance et de collaborer à la défense nationale.

On a, dans les pays neutres et surtout au début de la guerre, calomnié la femme française. Elle était restée, disait-on, la Parisienne frivole et légère, conforme à la légende créée par des modes absurdes et entretenue par les agents de nos ennemis. Il a bien fallu, en fin de compte, lui rendre justice. Mais je me demande si cette justice est suffisante encore.

Pour qui a vu ces intérieurs bourgeois où toutes les têtes étaient pieusement penchées sur le travail entrepris, pour qui a visité ces ouvroirs que ne décourageait aucune besogne, l'hommage aux femmes de France apparaît comme un devoir. Quel beau témoignage de solidarité nationale elles nous ont offert! Leurs yeux étaient parfois brouillés de larmes, sans que ce brouillard ralentît la course de leur aiguille. On pleurait parfois; on travaillait sans relâche.

Quelle intime communion, en dépit de la distance, entre ces combattantes de l'aiguille et nos soldats! Ceux-ci en avant et face à l'ennemi; celles-là en arrière, attentives et fidèles à leur tâche, travaillant pour nos armées qui travaillent pour nous.

On compte, je crois, cinq armes dans l'armée de terre. Je propose que désormais on en compte six. Et la sixième sera celle des femmes; la sixième arme sera l'aiguille. Elle est minuscule, elle est inoffensive, elle est entre des mains délicates et sans force. Mais demandez-vous ce que sans elle les cinq autres armes auraient pu faire.

Honneur donc et reconnaissance à l'aiguille française! Elle a bien mérité de la Patrie.

(*Le Gaulois.*)

LE PÉRIL NOIR

11 mai 1915.

Mettez-vous à leur place : vous seriez inquiets. Ils avaient fait de l'anticatholicisme la grande plate-forme électorale. Ils se trouvaient ainsi dispensés de tout programme et libérés de toute préoccupation extérieure. Le danger n'était pas au delà des frontières : il était en deçà. Contre l'ennemi du dehors, la fraternité internationale était un rempart suffisant : l'ennemi du dedans appelait au contraire toutes les vigilances. Le Kaiser et sa poudre sèche : chimère ! Mais le prêtre, mais le moine, mais la congrégation : réalités redoutables ! Des canons ? A quoi bon ? Serviraient-ils jamais ? Mais des lois de défense laïque :

c'était urgent. L'arsenal militaire pouvait attendre que l'arsenal législatif fût pourvu.

Et la France se laissait assoupir, bercée par la monotone romance radicale, cependant qu'à notre ciel les étoiles s'éteignaient. Le réveil fut rude.

L'échafaudage des illusions s'écroula avec fracas. Les socialistes d'outre-Rhin emboîtèrent le pas de parade avec un entrain que les œillades naïves de nos pacifistes ne ralentirent pas. La fraternité de la science et des lettres s'affirma par le manifeste des Intellectuels et l'étude attentive dans les laboratoires d'Allemagne des fumées empoisonnées, des gaz asphyxiants et autres gentillesses.

Sur le compte des amitiés espérées, l'erreur des internationalistes était démontrée ; sur le compte des ennemis du dedans si ardemment combattus, elle ne fut pas moindre.

« Les curés sac au dos ! » avaient-ils crié.

Les curés s'exécutèrent. Ils le portèrent, le sac, et comment! C'est le *Journal officiel,* c'est la liste des citations à l'ordre du jour qui nous l'apprennent. N'ajoutons rien.

Et la prédication par l'exemple, sur le champ de bataille, sur le glacis des tranchées, sous les shrapnells, dans le voisinage des marmites, produisit le résultat que jamais n'auraient atteint les plus éloquents sermons du temps de paix.

Il semble bien aussi que, dans les quelques minutes qui précèdent l'attaque annoncée, l'homme se recueille, ramasse ses souvenirs, cherche une protection, se recommande à une puissance tutélaire. L'action s'engage, s'anime, devient furieuse et meurtrière. Les voisins tombent; les cadavres s'amoncellent; les cris des blessés se mêlent au crépitement de la mitraille. Puis c'est fini : la tranchée est conquise, l'ennemi ne tire plus, repos.

L'homme se tâte; il n'a rien. Non : rien!

Sa gamelle est trouée, sa baïonnette est tordue, sa tunique est percée à plusieurs endroits, son képi est traversé. Mais lui n'a rien. Miracle!

A qui le doit-il? Vous ne l'empêcherez pas de se poser la question, et moins encore d'y trouver la réponse. La chance? La veine? Ces mots lui suffisaient hier pour expliquer un incident heureux de sa vie banale. Ils lui paraîtraient profanes à cette heure. C'est plus haut qu'il cherche et qu'il trouve l'explication dont il a besoin. Sa reconnaissance alors s'exalte, se sanctifie, s'élève au-dessus du sol inondé de sang et monte, monte vers ces régions qu'à l'exemple des camarades et des amis il avait dédaignées, les croyant vides, et où il aperçoit distinctement aujourd'hui la main souveraine qui s'est étendue sur lui pendant le combat.

Ce qu'il fait alors, il va nous le dire. Je ne change pas un mot à la lettre que j'ai sous les yeux et qui vient d'un jeune officier, étranger, avant la guerre, à toute pratique religieuse. Il écrit au lendemain d'un combat victorieux et sanglant :

« Le lendemain de cette attaque, nous sommes partis au repos dans un petit pays, près du front. A cinq heures, moment du salut, il fallait voir tous ces petits Français se ruer vers l'église, pour confier leur âme à Dieu. Oui, c'est un besoin pour nous, et je l'ai ressenti plus que jamais après pareil combat. On a besoin de prier; car, si on est encore là, c'est par la grâce du Ciel. Eh bien! avec un ensemble parfait, tout le monde a chanté de beaux cantiques. Ce n'était pas le hurlement habituel des gamins. Non pas. Mais la tête haute, sans broncher, les yeux fixes vers l'autel, ils ont bien chanté parce qu'ils avaient la foi, une reconnaissance divine, et comprenaient que le bon guerrier avait besoin de l'aide du bon Dieu. »

Je voudrais tenir le plus endurci des libres penseurs et savoir de lui si, assistant à cette scène, il aurait fait un effort pour tenter d'arrêter la « ruée » de ces soldats vers la petite église, ou dit un mot pour imposer silence à ces chanteurs de cantiques. Il s'en fût abstenu comme d'un crime, et peut-être, gagné par l'émotion, il eût mêlé sa voix au chœur de gratitude et d'action de grâces.

C'est que l'anticatholicisme n'est pas article de guerre. On peut s'y exercer encore dans quelques bureaux de rédaction et dans de lointains comités, où n'arrive aucun des échos de la ligne de feu, où l'on s'émeut d'une renaissance qu'on ne s'explique pas, où l'on s'essaie encore à des attaques maladroitement conduites et qu'aucune troupe n'appuie. On reprend la vieille romance; on ressemble à un chanteur des rues qui s'attarderait sur la place publique, après que les derniers auditeurs se sont dispersés, et qui chercherait son accompagnement sur sa guitare familière, sans s'apercevoir que le changement de temps en a fait craquer les cordes.

Il a vécu, le péril noir. C'est le péril boche qui l'a tué.

(Le Gaulois.)

TIREURS DE CIBOIRES

21 mai 1915.

Nous savions que l'armée allemande a des tireurs d'officiers, choisis parmi l'élite des bons fusils. J'apprends par l'album qui accompagne le bel ouvrage dirigé par Mgr Baudrillart sous le titre : *la Guerre allemande et le Catholicisme,* que l'Allemagne possède aussi ses tireurs de vases sacrés.

Voici comment ils ont opéré :

Après qu'était occupée une petite ville de Belgique ou de France, après qu'avaient été fusillés les notables et le curé, il fallait offrir une compensation à ceux qui n'avaient pas eu le plaisir de faire partie des pelotons d'exécution. C'était pour eux une occasion de se faire la main et un exercice d'entraînement.

Les hommes étaient envoyés à l'église. Ils y complétaient l'œuvre des obus. Ils saccageaient et souillaient ignoblement l'église, dépeçaient à coups de scie le crucifix, fracturaient le tabernacle, s'emparaient des vases sacrés, les disposaient sur l'autel, prenaient du recul et commençaient le tir.

On conserve dans les stands ce qu'on appelle les beaux cartons, qui attestent l'adresse des tireurs en renom. On a retrouvé quelques-unes des pièces sur lesquelles se sont exercés les soldats de Guillaume. J'en ai les photographies sous les yeux. Ce sont des cartons réussis, qui ont dû provoquer à leur heure les « Hoch ! » des soldats de Guillaume.

Voici pour Gerbeviller des exemples de ce genre de travail. Le tabernacle est magistralement cambriolé et sur le saint ciboire un excellent tireur a fait mouche : une balle a, dans l'axe vertical et suivant bien le diamètre, traversé le vase de part en part. C'est du beau travail; c'est ce qu'on a fait de mieux. S'il y a dans l'armée de l'ami de Luther une justice distributive, l'auteur de cet exploit a dû recevoir les épinglettes ou la croix de fer.

Et je me souviens qu'ici même, et à cette place, mon éminent ami M. Frédéric Masson entendait, dès le début de la guerre, démontrer que la haine du catholicisme est le plus violent des ferments qui font bouillonner la rage du Kaiser. J'ose avouer que, malgré la vigueur de la dialectique et la sûreté de la documentation historique, ma conviction à ce moment se dérobait. Plus rebelles encore se montraient certains catholiques des pays neutres, qui, émus peut-être par les appels familiers et quotidiens de l'Empereur allemand à son bon vieux Dieu, réservaient leur jugement ou même allaient jusqu'à murmurer de paradoxales indulgences ou de monstrueuses sympathies.

Depuis lors, la preuve est fournie et tous les yeux se sont dessillés. L'acharnement systématique et ordonné contre les édifices et les ministres du culte n'a laissé de place à aucun doute. L'unanimité s'est faite. Il n'est, pour s'en convaincre, qu'à regarder l'Italie où s'est aussi scellée l'Union sacrée, où les oppositions à l'intervention se sont évanouies, où toutes les cloisons intérieures se sont abattues, où l'on pourrait dire en un sens que je n'ai pas à préciser et que tout le monde entendra : « Il n'y a plus de Vatican. »

Au moment donc où se rapproche l'heure des réparations, il faut noter, pour les approuver et les encourager, les efforts de ceux qui songent à panser toutes les blessures faites par la fureur allemande. C'est ainsi que sous le patronage de S. A. R.

Mme la duchesse de Vendôme se sont groupés, dans un esprit de prévoyance avisée, des amis de la malheureuse Belgique. Notre dette est immense envers nos alliés infortunés, envers ces victimes de l'honneur et du devoir, ces martyrs qui, dans un dur exil, attendent sans un murmure, sans une défaillance, la revanche du droit.

Quand ils rentreront au pays natal, c'est au milieu des cendres qu'ils devront chercher les pierres du foyer à restaurer. De leur église ils ne trouveront plus que les murs chancelants et calcinés, si même ils existent encore. S'ils veulent élever vers le ciel leur reconnaissance ou leur peine, tout leur manquera. Une grange, il est vrai, pourra leur être un abri provisoire et suffisant. Mais les vases détruits? Mais les objets du culte dispersés, volés, brûlés? Comment les remplacer, si mince que soit la dépense?

« Nous y voulons pourvoir », ont dit les initiateurs de cette œuvre de réparation.

« Nous aussi nous tendrons la main pour les catholiques belges. L'obole sollicitée ne se refusera pas. »

Je suis certain qu'ils ont raison d'y compter.

(Le Gaulois.)

AUX CHAMPS

8 juin 1915.

Je rentre des champs. Je m'y suis instruit. J'ai vu de près des choses que tout le monde sait, dont il me paraît cependant que l'attention commune se détourne trop. L'immense partie que nous voulons gagner et que nous gagnerons ne se joue pas seulement sur les champs de bataille, retournés par les obus. Le moindre lopin du sol national y a son rôle et doit contribuer au résultat. C'est travailler encore pour la patrie que s'arrêter devant un champ de blé et se demander ce qu'il contient d'espérances et de promesses réalisables.

La campagne est d'une rare splendeur. Les saints de glace l'ont épargnée. Les fleurs des pommiers n'ont pas connu les gelées de mai. La plaine s'étend toute verdoyante. Les seigles livrent à la caresse d'une brise inoffensive leur chevelure déjà longue. Les blés et les avoines sont drus et serrés. C'est une joie des yeux que ce grand tapis vert sur lequel les trèfles incarnats jettent leurs carrés de velours rouge.

Mais causez avec le paysan, un vieux, qui surveille l'alignement de son escouade de femmes et d'enfants occupés à l'échardonnage. Il est inquiet et soucieux. Il pense au lendemain.

Il va falloir faucher, faner, botteler les foins; butter les pommes de terre; biner et démarier les betteraves. Les bras dont il dispose y suffiront-ils?

Et dans deux mois, quand l'avoine sera mûre, quand le blé réclamera la faux, où recrutera-t-il son équipe de moissonneurs? La main-d'œuvre nationale n'y suffisait pas en temps de paix. Dès le mois de juin nous arrivaient les équipes belges, que nous connaissions bien, soit pour les rencontrer dans les gares le sac sur l'épaule et les outils sous le bras, soit pour les voir sous le grand soleil s'attaquer à la muraille dorée des épis dont ils creusaient et élargissaient les brèches. Cela manquera.

Avec les vieux, les femmes, les gamins, comment suffire?

Voilà le grave problème posé, celui qui met une ride au front du cultivateur, en face de cette nature si riante et si pleine de promesses.

Ainsi chaque saison aura posé pour la vie économique du pays de vitales questions. Hier c'était la crise du chômage; et c'était le travail qui manquait. Dès aujourd'hui, c'est la crise de la main-d'œuvre; et c'est l'ouvrier qui fait défaut.

Il semble pourtant que ces deux crises ne puissent être simultanées ou se succéder sans transition. S'il nous a fallu assurer la vie de tant de pauvres gens, chassés de leurs maisons et de leurs champs, et qui restaient inoccupés, le remède n'est-il pas venu? Le travail ne manque plus : au contraire, il y en a trop. Donc, il y en a pour tout le monde.

Et j'ai peine à croire ce qu'on me dit, ce que je lis aussi dans le compte rendu des séances de l'Académie d'agriculture. Les réfugiés refuseraient le travail offert : tout au moins beaucoup d'entre eux préféreraient le séjour des grandes villes, les longues flâneries aux abords du lieu de refuge, la vie oisive et chiche à l'argent honnêtement et sainement gagné. Ils aimeraient mieux à leurs pieds l'asphalte de Paris que la terre de nos campagnes, mieux au-dessus d'eux les vitrages de la galerie d'Orléans que le grand ciel bleu, mieux l'odeur de nos pavés de bois que le parfum des sainfoins coupés.

Est-ce vrai? Si c'est vrai, faut-il s'y résigner? Je ne le pense pas.

Je ne crois pas manquer en cela au devoir d'assistance et d'humanité que la guerre fait peser sur nous en faveur des malheureuses victimes de l'occupation. Je ne nie pas notre dette, je la proclame et je la définis.

Ce que nous devons aux infortunés, c'est le travail, s'il s'en trouve et s'ils peuvent le faire. A défaut du travail, mais seulement alors, nous devons la charité. Le secours et l'aumône ne portent nulle atteinte à la dignité de celui qui les reçoit, s'il a d'abord offert ses bras et si personne n'a pu les employer. Mais s'il a refusé le travail possible, si sa main s'est fermée devant l'outil qu'on lui a présenté et si elle ne s'est rouverte que pour recevoir la charité, la dégradation commence, avec ses conséquences funestes dont l'être humain ne se relève pas.

Ce n'est pas avoir le cœur dur à la misère, que se refuser à entretenir l'oisiveté. Ce n'est pas, ce ne doit pas être impossible de le faire comprendre à ceux que nous voulons secourir sans les abaisser.

Une gerbe de blé ne doit pas au mois d'août rester debout en France, s'il y a en France un homme capable de la couper. Et si cet homme refuse à la fois le travail et le salaire, je me sentirai quitte avec ma conscience en me détournant de lui et en réservant à d'autres mon assistance.

C'est une mobilisation d'un autre genre à accomplir : elle est réalisable. Des comités se sont institués pour assurer aux réfugiés le gîte, le vivre et le vêtement. Ils doivent étendre et élever leurs efforts, devenir des comités de recherche et d'organisation du travail des réfugiés. Avec le concours des préfets et des maires, ils aboutiront. Pour le semestre qui commence, il va être plus vrai que jamais de dire avec le fabuliste :

C'est le fonds qui manque le moins.

(Le Gaulois.)

LE MINISTRE DE LA VOLONTÉ

16 juin 1915.

C'est M. Millerand que je veux dire.

De la volonté, il a les marques extérieures : le front bas sous les cheveux drus, la mâchoire solide et mue par des maxillaires puissants. Les apparences chez lui ne trompent pas.

Cet homme sait ce qu'il veut. Sa volonté n'évolue pas par impulsions. Elle est le résultat de la réflexion et du recueillement. Et quand l'heure est venue de l'exécuter ou de l'exprimer, il ne s'embarrasse ni des obstacles ni des formules. Il ne louvoie pas, il pique au vent. Il fait ce qu'il a décidé; et quand il rend compte de ses actes, il dédaigne les grâces et les habiletés de la rhétorique. Il lui suffit d'être loyal et clair. Un discours de M. Millerand, ce n'est pas de la parole, c'est de l'action.

Une fois de plus, dans le débat qui depuis dix jours se poursuit à la Chambre, il a affirmé ses qualités et, par sa puissance de volonté, dominé les agitations parlementaires.

C'est d'ailleurs une étrange discussion que celle du projet de loi Dalbiez. Elle présente cette singularité que tout le monde est d'accord, mais que cet unanime accord prend, pour s'exprimer, des allures de passionnée dispute. Sur la nature et la gravité du mal, aussi bien que sur la nécessité d'y porter remède, pas de contestation.

Les chiffres sont là pour démontrer que la campagne contre les embusqués ne procédait pas d'une maladie de l'imagination populaire, d'une phobie suscitée par la guerre. Déjà il a été débusqué 650 635 hommes. Vous avez bien lu, vous n'avez pas confondu les dizaines et les centaines avec les unités. Ils étaient 650 635 qui, sans tambour ni trompette, mais non pas sans piston, s'étaient installés dans des postes de toute sécurité et en ont été délogés. Où est-il, ce chroniqueur mal informé qui, au mois d'octobre, se faisait fort de trouver là l'effectif d'un régiment ? 650 635, vous dis-je. Et il en reste.

Intolérable abus, dont les origines sont connues, dont les connaissances et répercussions auraient été incalculables, s'il se fût prolongé.

Tout le monde d'accord.

Nécessité de continuer l'épuration, de donner à nos combattants l'assurance qu'il n'y a, pour le payement de la dette sacrée, aucune exception et que, quand il s'agit des créances de la patrie, il n'y a pas de moratorium.

Tout le monde d'accord.

Nécessité, d'autre part, de pourvoir à tous les besoins de la défense nationale, de développer la production du matériel de guerre et d'y appeler ou d'y retenir tous les ouvriers nécessaires, à commencer par les plus aptes, et afin d'obtenir le meilleur rendement.

Tout le monde d'accord.

Car il faudrait être criminel ou inconscient pour porter la moindre atteinte au fonctionnement intensif de l'usine de guerre. Il nous faut des canons, des munitions, donc des ouvriers. Personne ne le discute.

Mais que par ce détour le débusqué se rembusque, qu'ayant vu se fermer derrière lui la porte du bureau ou du garage Saint-Didier il s'avise de se faire ouvrir la porte de l'usine pour se muer en tourneur n'ayant jamais vu un tour, en limeur n'ayant jamais tenu une lime, au risque de saboter la machine et ses produits et de s'estropier par-dessus le marché : ah! non!

Tout le monde d'accord, et les orateurs se succèdent pour le proclamer.

Alors?

Alors, pourquoi ces querelles bruyantes?

Pourquoi le ministre qui, par sa volonté tenace, a réprimé l'abus, qui a rétabli et veut maintenir et perfectionner l'équilibre entre les nécessités de la production et les besoins de la ligne de feu, a-t-il l'apparence de subir un assaut? Pourquoi semble-t-il mis en demeure de se justifier, alors que ses actes passés, ses innombrables instructions, les résultats qu'il a obtenus nous sont un sûr garant de l'avenir et que nous pouvons, par ce qu'il a fait, être certains de ce qu'il fera encore? Pourquoi ces mouvements de séance notés par le *Journal officiel* : interruptions, exclamations, mouvements divers? Pourquoi, assistant à la séance, M. Maurice Barrès nous parle-t-il de ces bonshommes de glace qui, écoutant le ministre, ne s'animaient que pour être malveillants, et pourquoi, après avoir constaté que l'homme de volonté et de bon vouloir avait fini par dominer la houleuse Assemblée, peut-il conclure : « Voilà le ministère consolidé? »

Il était donc menacé?

Faut-il croire que, sous cette agitation de surface, il y avait la lame de fond, celle qui suscite les crises et retourne les ministères ou les ministres? D'où viendrait-elle?

Je m'aperçois qu'après avoir fait débauche de points d'interrogation je ne suis en état de répondre à aucune des questions que j'ai posées. Ainsi m'est démontré une fois de plus que je ne connais rien à la politique, ou que l'intelligence que j'en ai procède par intermittences. J'ai compris la Chambre le 4 août 1914; je ne la comprends pas en cette première décade de juin 1915.

J'entends bien qu'elle s'en soucie peu. Elle n'a pas besoin que je la comprenne. Très juste. Mais si le pays ne la comprenait pas davantage? Plus grave.

(Le Gaulois.)

POUR LES NON-BLESSÉS

30 juin 1915.

Il est sur la ligne de feu des hommes (en quels nombre et proportion, je ne sais) qui ont par miracle échappé à toute blessure, même légère, et qui, doués d'une santé robuste, n'ont subi les atteintes ni de la maladie, ni de la fatigue. Ils ont traversé vaillamment toutes les épreuves et n'ont pas un jour quitté leur poste de combat.

Voilà, n'est-il pas vrai? d'heureux gaillards. Je le pense avec vous, mais je vous avertis aussitôt que tel n'est pas toujours l'avis du front.

L'immunité est un bienfait qui, en se prolongeant pendant onze mois, perd une partie de ses charmes. On est brave, on est dur à la fatigue et chaque fois que l'occasion s'en présente, on en met. On est gai dans la tranchée, on fait des mots, on chante; on est dans l'action, on pense peu.

Mais quand, pour réparer ses brèches, ou pour prendre un repos bien gagné par quelques sanglantes attaques ou un marmitage de plusieurs jours, le régiment est envoyé au repos, on a le temps de se recueillir et de penser. C'est l'heure guettée par le cafard, qui reprend alors ses droits. Les portefeuilles usés et fanés sortent des poches : l'homme s'attarde sur la dernière lettre reçue, sur une photo chiffonnée. Les copains respectent son recueillement et ne contrarient pas la pensée qui s'envole à l'arrière, le souvenir qui cherche à se fixer, les questions que silencieusement se pose le camarade. Sa fillette, qu'il a laissée balbutiant ses premières paroles, le reconnaîtra-t-elle au retour? Et le bébé dont sa femme lui a annoncé la naissance il y a quelques semaines, aurait-il bien peur de lui, si sur sa petite joue il frottait sa grosse et rude moustache? Allons! il ne faut pas y penser. Il a la veine, lui : c'est-à-dire qu'il ne l'a pas. Comme il accepterait le trou dans la peau qui lui permettrait, fût-ce un jour, une heure, d'embrasser sa femme et ses enfants!

Le voici reparti aux tranchées de première ligne. Nouvelles attaques et nouvel arrosage. L'affaire est chaude; mais cette fois encore on a eu les Boches. La mitrailleuse et la baïonnette ont fait du beau travail. On s'organise dans la tranchée conquise. Le soir vient. Les 77 cessent de sonner. On se compte dans l'escouade. De bons camarades manquent qu'on ne reverra plus. Lui, une fois de plus, il a eu la chance. Il n'a rien, pas une égratignure. Mais X..., mais Y... sont blessés. Oh! pas grand'chose. Une balle au mollet, un éclat d'obus à l'épaule. Le major affirme que ce ne sera rien. Quelques jours d'hôpital, et, après la permission réglementaire, il reviendra prendre sa place. Et notre éternel non-blessé serre la main du blessé et le salue d'un cordial : « A bientôt, sacré veinard ! »

Paradoxe? Non pas. Paradoxe à distance : vérité de près. Tous les combattants vous diront le prix que sur la ligne de feu on attache à la blessure légère, à la fine blessure, à ce qu'ils appellent dans leur argot et je ne sais pourquoi : « la blessure Pépère ». Ce n'est pas qu'ils y voient l'occasion d'être pour un temps soustraits au danger. Les plus magnifiques de nos héros, ceux dont les exploits dépassent l'imagination, subissent comme les autres l'attrait de la blessure Pépère qui leur assurera la courte permission réglementaire et les rendra vite au régiment, après un baiser donné à la femme et aux gosses.

Et je me demande si la blessure est bien indispensable et s'il n'est pas possible, sans elle, d'offrir cette satisfaction et cette récompense à ceux qui depuis onze mois ont exposé leur vie, n'ont connu aucune défaillance, et qui, pour n'avoir pas été blessés, n'en ont pas moins mérité l'éloge de leurs chefs et la reconnaissance de la patrie.

C'est timidement que j'interroge le ministre de la guerre et nos chefs. Est-ce possible, sans nuire à la défense, sans diminuer en rien la valeur de résistance et d'offensive de la ligne? Je crains bien que la mesure ne puisse profiter à tous. Il y aurait un choix à faire; mais ici le choix ne serait pas un embarras. Il serait avant tout déterminé par la bravoure. Le peloton des candidats à la courte permission se composerait des hommes cités à l'ordre du jour. Parmi eux, s'ils étaient trop encore, on choisirait les hommes mariés. Trop encore : on ne prendrait que les pères de famille. Trop encore : on ne prendrait que ceux qui ne connaissent même pas le bébé venu au monde en leur absence, auquel seraient assurés ainsi le baptême et la bénédiction paternels et dont on ne pourrait pas dire plus tard : « Son père ne l'a pas connu. »

Il y a une objection ; je ne l'ignore pas. Elle se formule sur le front en ces termes : « N'amollissons pas le guerrier. »

Je ne partage pas cette crainte. L'épreuve est faite de la valeur des femmes françaises. Elles sont braves et disciplinées à souhait. Elles ne demandent rien, elles acceptent tout. Elles ont droit aussi à la récompense.

Celle qui reverrait un jour le père de ses enfants ne mettrait dans la joie radieuse de la rencontre aucune ombre de tristesse ou de plainte. On communierait dans l'espérance et la foi. Les larmes ne viendraient qu'au bord des cils et ne descendraient pas sur la joue. Il en serait ainsi à l'arrivée ; il en serait de même au départ.

Je la vois et je l'entends d'ici, ma chère et courageuse femme de France recevant au moment de la nouvelle séparation le dernier baiser; je la vois se raidissant contre l'émotion. Je l'entends disant à son homme, à l'exemple d'une des héroïnes du répertoire : Et maintenant, va te battre !

Est-ce possible ?

(Le Gaulois.)

L'ENCAISSEUR

11 juillet 1915.

Je puis bien avouer aujourd'hui que j'ai trouvé jadis quelque plaisir à assister à des combats de boxe. Je n'en convenais pas volontiers, il y a un an ou plus, de crainte de m'entendre reprocher mes instincts sanguinaires et un goût malsain pour des spectacles de la décadence. Je n'ai plus ce scrupule. L'échelle des proportions est brisée. La rencontre de deux boxeurs nous apparaîtrait, par comparaison, comme aussi inoffensive que les jeux d'enfants. Dans les souvenirs que j'ai gardés, des occasions de rapprochement avec les événements actuels me viennent à l'esprit.

La boxe n'est pas seulement l'art de porter des coups; c'est aussi l'art de les recevoir. Pour employer les termes consacrés, il ne suffit pas d'être un cogneur, il faut être un encaisseur. Il faut, sans en être ébranlé, sans perdre ni son aplomb ni son sang-froid, demeurer insensible aux chocs les plus formidables. C'est affaire d'entraînement.

C'est ainsi que j'ai connu de merveilleux encaisseurs. Sans presque tenter de les parer, ils recevaient des coups qui semblaient devoir les terrasser ; ils ne flottaient pas. Le poing arrivait en plein visage ; on s'attendait à des jaillissements de sang ; aucune trace n'en restait. Les coups succédaient aux coups, l'encaisseur demeurait impassible sous la grêle. Et la suprême élégance consistait alors à marquer par un large sourire, qui découvrait les dents, que rien de tout cela ne comptait, et qu'on n'en voulait pas à son adversaire du traitement subi.

C'est une force ; mais elle ne suffit pas. L'abus qu'on en ferait présente des inconvénients. La dignité (doutez-vous qu'elle existe chez un boxeur?) en souffre. Le spectateur se lasse vite d'admirer. Si l'encaisseur prolonge le jeu, sans tenter la riposte, on se demande s'il en est capable ou s'il en a la crainte. Encaisser, c'est bien : mais à condition de cogner ensuite, au moment choisi — et dur. C'est alors seulement qu'on reconnaît le grand athlète et qu'on l'applaudit.

Si j'ai pu vous inspirer le désir de voir mettre en pratique ces principes de la boxe, vous n'en aurez pas l'occasion en France. Nous avons avec raison déserté le théâtre et l'arène. Mais si les traversées aventureuses ne sont pas pour vous intimider, je vous recommande un match qui, de l'autre côté de l'Atlantique, se poursuit depuis plusieurs mois et met en présence les deux écoles.

Il y a, d'un côté, un rude cogneur, qui ne ménage rien, ni personne. Il frappe tant qu'il peut. Il frappe à la tête; il frappe au cœur. Il ne respecte aucune des règles du jeu. Il donne ses préférences aux coups interdits. L'horreur qu'inspirent ses procédés ne fait que l'enhardir et l'encourager. Ses poings ne lui suffisant plus, il s'essaie aux armes des assassins et des incendiaires. Sa rage exterminatrice soulève d'autant plus l'indignation qu'elle est volontaire et calculée. Son nom? Le Boche.

En face de lui, un adversaire qui se montre un incomparable encaisseur. Appelons-le Uncle Sam. Il ne laisse rien voir de son émotion, ni de son trouble. Il ne pare pas et n'a point encore riposté. L'étonnement que le monde en éprouve ne modifie pas sa tactique. A chaque coup nouveau, il prend son temps et se recueille. Ses réserves de patience ne s'épuisent pas; elles se renouvellent sans cesse. Il reste affable et courtois; il a le sourire. Qu'il ait la première des deux vertus du boxeur, la preuve est faite.

A-t-il la seconde? Est-ce un cogneur?

Nous verrons bien. Le match n'est pas terminé.

Uncle Sam, on vous attend.

(Le Gaulois.)

EN PERMISSION

23 juillet 1915.

Cela se passe très bien, et je serais surpris que le ministre de la guerre et le haut commandement n'eussent pas à se louer de l'initiative qu'ils ont prise et qui, sans nul dommage, fait le bonheur de nos braves et celui de tant de familles françaises.

Nos boulevards et nos avenues se sont trouvés comme transformés par l'arrivée des premiers permissionnaires. Nous ne voyions plus guère l'uniforme à Paris que porté par nos glorieux blessés ou brillant trop neuf aux pacifiques épaules de nos immobilisés. Grande tristesse à rencontrer les uns, petite rancœur à croiser les autres. Et dites-moi si vous n'avez pas éprouvé une joie forte et fière, la première fois qu'à côté de vous a passé un soldat, d'aplomb sur ses jambes guêtrées, la démarche assurée, le teint hâlé, l'œil clair et la poitrine bombant un peu sous le ruban rouge, la médaille militaire ou la croix de guerre? La main m'a sauté au chapeau : j'ai salué.

Je pouvais le faire sans crainte de me tromper. La croix de guerre était là pour me protéger de l'erreur. Comme elle illumine par son voisinage immédiat la Légion d'honneur! Puisque l'usage, auquel je ne puis me faire, s'est maintenu d'enjoliver l'uniforme des rubans multicolores que la vie civile a prodigués à d'honorables citoyens qui n'ont jamais vu et jamais ne verront le feu, on ne savait plus, en dépit du nombre des galons, des médailles et des croix, reconnaître ceux que nous devons honorer. La croix de guerre y a mis bon ordre. Plus moyen de tricher avec notre respect. Le ruban rouge assorti de la croix de guerre. Pas d'erreur. On peut y aller.

C'est aux permissionnaires que nous devons ce premier bienfait.

En voici un second, au moins égal. Pour le plus grand avantage de tous, un échange s'est produit de sentiments, d'idées et d'espérances. Eux, nous ont apporté le tonique de cette belle sécurité qui, d'un bout à l'autre de la ligne, règne parmi nos troupes. Ils sont étrangers à toute inquiétude comme à toute impatience. La perspective d'une campagne d'hiver est acceptée, bien qu'ils n'y croient guère. Mais, d'ici là, que se passera-t-il ? Ne peut-on pas craindre qu'un jour de malheur notre ligne fléchisse et cède ? Ils dédaignent de répondre autrement que par un sourire.

Sur eux nous étions fixés, nous le sommes mieux encore. La permission, d'autre part, leur a fourni l'occasion d'être édifiés sur notre compte, et c'est tout profit. Ils nous jugeaient assez mal. Un dessin célèbre sur la tenue des civils a répandu parmi eux la croyance que nous en étions tous dépourvus. La rubrique des théâtres leur a donné à penser que Paris ne ressaisissait son courage que pour se presser aux gaudrioles des cafés-concerts et aux déshabillés des revues. Ils ont été un peu surpris de trouver une ville calme et digne, une population impressionnable, mais réagissant au mieux contre l'insupportable roulis des fausses nouvelles. Ils ont cru encore, recueillant certains échos des querelles de tribune, que nous nous passionnions comme autrefois pour les exercices oratoires et les changements de ministère ; ils en concevaient de l'irritation. Ils ont pu voir que ces joutes ne trouvent plus d'amateurs pour s'y intéresser, que nulle part, ni dans la bourgeoisie ni dans le peuple, on ne parle politique, et qu'on ne se fâcherait que si les appétits ou les rancunes de quelques-uns venaient à troubler et à compromettre l'œuvre sainte de la Défense nationale.

Ils iront, nos permissionnaires, dire aux camarades que les civils valent mieux que leur réputation, qu'ils ne tremblent pas, qu'ils ne se divertissent pas, qu'ils ne se querellent pas et que la Banque de France est le seul théâtre qui fasse recette et aux guichets duquel l'affluence justifie le service d'ordre.

Ayant vu le permissionnaire à son arrivée, j'ai voulu le voir à son départ. J'avais des craintes. Que de fois j'ai, depuis une semaine, entendu dire avec une moue d'inquiétude : « Oui; mais le retour? »

J'apporte mon témoignage. J'ai, sur le quai de la gare de l'Est, entendu les godillots qui sonnaient sec : le pas ne traînait point. Les copains se retrouvaient, se serraient la main, ne criaient pas, s'installaient sans bruit. Les têtes se penchaient aux portières et toutes avaient le sourire.

Le train partit. Quelques femmes restèrent sur le quai. Je les observai. Pour juger leur attitude, je ne trouve qu'un mot et il suffit : « Elle est très chic, la femme française ! »

Permissionnaire, tu m'as fait du bien. Je te remercie.

(Le Gaulois.)

NOUVEAUX EMBUSQUÉS

2 août 1915.

Non : ce n'est pas ce que vous croyez.

J'ai depuis longtemps promis aux embusqués de ne plus m'occuper d'eux, et j'ai tenu ma promesse. Après avoir frappé quelques coups sur la cloche et avoir éprouvé sa résonnance, je me suis effacé devant ceux qui avaient le moyen d'agir. Leur œuvre fut bonne, au point de dépasser toutes les prévisions. Plus de six cent cinquante mille hommes ont été rappelés à leur devoir. En reste-t-il et combien? Je l'ignore. La sécurité, la paix et le mépris public soient avec eux!

C'est à d'autres embusqués qu'aujourd'hui va ma pensée. Ils ne seront pas faciles à déloger. Ils échappent en effet à tout recrutement. Ils se tiennent dans des dépôts qui ne relèvent d'aucun contrôle. Ils ont la prudence de ne jamais se montrer ni sortir. Ils sont assemblés, immobiles et muets, dans des cachettes qu'on dit être de préférence des bas de laine. Ce sont (pour ne pas prolonger le rébus) les louis d'or que voudrait enrôler le ministre des finances et qui, en trop grand nombre, prennent figure, sinon de déserteurs, au moins d'insoumis.

Je ne vous fais pas l'injure de penser que vous n'avez pas encore rendu à la Banque de France la visite qui s'impose comme le plus simple et le plus impérieux des devoirs. Vous en avez donc rapporté votre certificat tricolore, blanc, jaune et noir, mais aussi des impressions. Voyons si ce sont les miennes.

Vous avez dû prendre la file avant d'arriver au guichet, et vous avez eu le loisir d'observer. Vons avez reconnu à la mise modeste de vos voisins que la plupart étaient des petites gens. J'ai vu deux femmes, des servantes sans doute, verser devant moi, l'une son louis, l'autre sa pièce de dix francs; et je me suis senti beaucoup de respect pour ces deux gouttes d'or qui se sont perdues dans le flot en y tombant. Mais, le hasard peut-être me servant mal, j'ai guetté en vain les rouleaux bien complets et les étuis bien pleins. C'est par minces ruisselets que se formait le Pactole.

Faut-il donc croire à des résistances et à des mauvaises volontés? Est-il possible que quelqu'un en France se dérobe à cette obligation et qu'au lieu de retourner le légendaire bas de laine, il y ait d'intrépides épargneurs pour y faire des reprises et en réparer les trous?

Quelle humiliation ce serait pour nous!

Un journal vient de donner les chiffres de l'encaisse-or de la Reichsbank pendant les neuf derniers mois écoulés. C'est une augmentation de 830 millions de francs. La France est plus riche que l'Allemagne. Serions-nous condamnés à reconnaître que le Français a moins que l'Allemand l'intelligence de ses devoirs et la faculté de sacrifice et d'abnégation?

Impossible. Mais, alors, hâtons-nous. Mettons la Banque de France en mesure de publier des chiffres qui soient des bulletins de victoire. Ne nous exposons pas à cette honte qu'il puisse être dit qu'à la cause publique le Français donne généreusement son sang et celui de ses enfants, mais qu'il tient ses tiroirs fermés quand c'est la patrie qui lui commande d'ouvrir.

Est-il nécessaire, comme on le dit, que, pour atteindre le but, des conférences s'organisent, que les instituteurs fassent la leçon et que les curés montent en chaire?

Soit! Alors, voici mon prêche.

Je ne l'adresse pas à ceux qui ont des

êtres chers sur la ligne de feu. La partie me serait trop belle. Ce serait trop facile de leur faire comprendre que leur rouleau d'or peut abréger d'une seconde la durée de la guerre et que cette ultime seconde suffit pour qu'une balle allemande bien placée les plonge à jamais dans un irréparable deuil.

Celui que je voudrais tenir, c'est le plus féroce de nos collectionneurs d'or, le plus endurci de nos thésauriseurs de la ville ou des champs. Je ne ferais pas, avec lui, de sentiment, je ne lui parlerais que de son intérêt. Je lui poserais cette question : « Que comptez-vous faire de votre or jalousement gardé? »

« Je veux, me répondrait-il, en avoir pour le jour où personne n'en aura plus : et c'est alors que je m'en servirai. »

C'est là que j'attendais mon homme et que je le défie.

L'heure est toute proche où la possession d'une pièce d'or deviendra une exception honteuse qu'on n'avouera pas, où l'exhibition et l'usage d'une pièce d'or constitueront une imprudence parce qu'ils désigneront un mauvais Français, où il sera impossible de payer quoi que ce soit avec de l'or, sans s'exposer à de fâcheuses algarades. Oserez-vous, pourrez-vous le faire sans risque, en présence de cette cuisinière qui a porté son petit écu de dix francs à la Banque, et qui manquera de retenue pour vous dire votre fait?

Vous vous croyez prévoyant, et vous commettez la pire des imprévoyances. Votre chère monnaie d'or sera vouée au sommeil pour longtemps. Vous en serez réduit à la caresser, verrous tirés et volets clos. Vous ne pourrez plus l'utiliser. Au premier louis que vous voudrez changer, on s'étonnera. Au second, vous serez suspect. Au troisième, votre quartier sera en émoi.

Suivez donc mon conseil. Si vous aimez

votre pays, changez votre or. Si vous n'aimez que vous-même, changez votre or.

Au front, les embusqués, les louis cachés, les louis qui dorment, les louis sans usage!

Le front, pour vous, c'est la Banque.

(Le Gaulois.)

LE CIMETIÈRE AUX ARMÉES

12 août 1915.

A proximité du champ de bataille où nos armes furent victorieuses, le cimetière militaire s'étend et repose. Il ne s'annonce au regard ni par de tristes alignements de cyprès ni par le faste des mausolées que trop souvent la vanité des vivants consacre à la mémoire des morts. Son emplacement se révèle par le papillotement de petits drapeaux qui, sous le clair soleil, claquent au vent. Nulle construction qu'une baraque de bois blanc, toute petite, de quelques mètres carrés, devant laquelle un groupe de soldats se tient immobile et tête nue. C'est l'heure de la messe. Est-ce à ceux qui sont debout devant lui ou à ceux qui sont couchés dans leur lit de terre que s'adresse la bénédiction de l'aumonier qui vient de se retourner? Il les confond dans un geste unique, tant ils sont près les uns des autres, tant est courte la distance qui, sur le sol comme dans la pensée du prêtre, sépare les vivants et les morts.

La messe se poursuit. Un soldat la sert, qui vient d'écarter d'un pied indulgent un petit chien curieux qui voulait voir de trop près. Dans le ciel, en arrière, nos ballons observateurs; en avant, les saucisses allemandes. Le bruit sourd et lointain du canon ennemi, le bruit violent et proche de notre artillerie, qui doit être dans le bois, sur ce coteau. Le crépitement d'une mitrailleuse à l'exercice. Bruits indifférents. Si maintenant toutes les têtes s'inclinent, c'est au signal donné par le tintement aigrelet de la petite sonnette qui mêle ses notes menues et pacifiques au concert de guerre.

« *Ite, missa est.* »

Et, dociles, les assistants s'en vont. Où ? Aux tombes des camarades.

Elles sont plus de mille, car le secteur est meurtrier. Elles sont soigneusement alignées et rigoureusement uniformes de dimension et de profil. On a multiplié les signes distinctifs. Deux divisions ayant contribué à peupler le champ de repos, les tombes ont deux orientations différentes : les unes d'ouest à est, les autres du sud au nord. Sur chacune, une croix de bois ; sur la croix, un numéro, un nom, l'indication du régiment. Mais on a prévu que, sous les pluies, ces mentions étaient destinées à s'effacer ; aussi, au pied de la croix, une bouteille est-elle fichée, le goulot planté en terre, et à l'intérieur est enroulé un papier qui reproduit toutes les indications. Enfin, comme le visiteur doit être guidé dans la recherche du tertre auquel il apporte son hommage ou sa prière, un tableau, dont chaque colonne correspond à l'une des rangées, figure avec tous les noms, suivant leur ordre, dans un cadre abrité du soleil et de la pluie.

Les visiteurs, aujourd'hui, ne sont que des soldats. Ils vont sans bruit, dans les étroits sentiers : chacun sachant qui il cherche. L'homme a trouvé : il s'arrête. Il dépose une gerbe de fleurs. Oh! ni roses, ni pensées, ni violettes rares. Des fleurs des champs, des herbes folles, des coquelicots, des bleuets, des pâquerettes et des brins d'avoine. L'assemblage en est plus naïf que savant. L'ombre n'en sera que plus douce et légère au sommeil de l'ami qui dort là dans sa gloire.

Que fait celui-ci? Pourquoi ces pierres qu'il apporte avec tant de soin dans un pan de sa tunique? Le voici à l'œuvre; il choisit ses pierres, suivant leur couleur et leur forme pour en faire un encadrement à cette tombe : et la guirlande se dessine et se colore sous ses doigts appliqués. Travail que nous avons vu faire aux enfants sur nos plages avec du sable et des galets, dont nous avons alors souri, mais qui, là, fait par cet homme et pour cet objet, n'est pas loin de tirer les larmes.

Et devant ce spectacle du cimetière ensoleillé, on s'interroge, on guette ses impressions. On s'étonne, on s'inquiète, on se blâme de ne pas éprouver plus d'épouvante, plus de sombre tristesse; on se gourmande de sentir l'apaisement se substituer à l'horreur de l'immense sacrifice. On évoque ces mères, ces veuves, ces sœurs, dont ce champ tricolore a enseveli pour jamais les espoirs, les joies et les amours. Ont-elles pu venir jusqu'ici? Quand y viendront-elles? Que feront-elles?

Leur pieuse ambition sera-t-elle de ramener au pays natal, au pied du clocher familier, la dépouille de l'être cher? Et si tel est leur vœu, doit-on penser que ce soit celui du mort?

Il est des questions qu'on n'a pas le droit d'aborder si on n'est pas directement intéressé à leur solution, mais qui se posent à l'esprit et obsèdent le cœur, quand on a vu ces cimetières où, dans le lieu même témoin de leurs efforts et de leur chute, presque coude à coude, comme dans le rang, les camarades se sont endormis pour toujours. C'est là qu'ils attendent l'heure qui les libérera du voisinage de l'armée d'invasion. Ne voudront-ils pas alors que rien, pas même l'amour des leurs, ne vienne troubler la paix définitive acquise à leurs restes?

Si je le demande, c'est que je l'ignore.

(Le Gaulois.)

DETTE A PAYER

1ᵉʳ octobre 1915.

L'heure, où la nation entière a le grand frisson d'orgueil, d'espoir et de foi, et se demande comment elle pourra jamais s'acquitter envers nos troupes victorieuses, semble propice entre toutes à une explication.

Un malentendu s'est produit à l'occasion de la Croix de guerre. Il ne doit ni se prolonger ni s'aggraver. Il faut étouffer le germe des déceptions ou des dépits possibles dans les rangs de nos héroïques combattants.

L'institution des Croix de guerre a été saluée par l'approbation universelle. Il n'y a pas à dissimuler que le même assentiment général n'a pas accueilli la mise en pratique.

La cause en est dans la divergence des conceptions que se sont faites, pour les attributions, le public et le commandement.

Le public a compris que la Croix de guerre serait exclusivement réservée aux actes de bravoure accomplis sur le champ de bataille, qu'elle ne pouvait fleurir que dans l'atmosphère enfumée du combat, dans la terre des tranchées, dans la boue crayeuse de Champagne ou dans la glaise de l'Artois. Il a cru encore qu'aucune des manifestations d'héroïsme n'échapperait à la récompense, et que l'échelle des citations serait dressée en stricte conformité de la valeur de l'acte accompli, sans distinction de grade ni d'emploi.

Je ne crois pas me tromper en ajoutant que nos soldats avaient compris comme le public.

La conception du commandement a été ou est devenue sensiblement différente. Il lui a paru que la récompense créée était due à toute contribution éminente aux opérations de l'armée, et que, sur le front mais à distance de la ligne de feu, que même à l'arrière et dans les nombreux services que comporte l'organisation générale, des droits pouvaient s'acquérir à la reconnaissance nationale et à son expression visible, la Croix de guerre. Pourquoi un officier qui a installé, en y déployant tout son zèle et toute son ingéniosité, un dépôt d'éclopés, pourquoi cet autre qui a assuré avec une régularité exemplaire un service de ravitaillement, pourquoi cet autre encore qui a, jour et nuit, dirigé au prix des plus dures fatigues le fonctionnement d'une gare régulatrice ou d'un parc d'automobiles, seraient-ils tenus à l'écart des félicitations et des honneurs ?

En faveur de ces officiers très méritants, un autre avantage s'est produit. Grâce au contact continu avec les chefs qui les voient à l'œuvre, leurs services ne sont pas restés ignorés. Dans la distribution des Croix de guerre, ils ont fait partie des premières équipes. Si l'on ne devait se garder d'une exagération voisine de l'injustice, on pourrait dire que les chances de citation ont ainsi crû en raison directe de l'éloignement de la ligne de feu.

C'est cela dont le public s'est rendu compte et qu'il n'a pas compris. Je confesse mon tort. Cette inintelligence du public est quelque peu la mienne.

Quand je circule sur certaine ligne de la grande banlieue, je fais souvent le voyage en compagnie de quelques Croix de guerre qui semblent, par la fréquence régulière de leurs déplacements, avoir sur la ligne leurs habitudes et qui ne paraissent pas portées par des blessés ou des convalescents. Je ne doute pas qu'entre Paris et Chartres un officier ne puisse trouver les meilleures occasions d'affirmer son mérite, ses qualités de travail et d'organisation et de rendre à la cause sacrée de la Défense les plus signalés services. Il est juste que ces services soient reconnus et récompensés. Je ne croyais pas que, dans la pensée de ceux qui ont provoqué ou décidé la création de la Croix de guerre, elle dût répondre à cet objet. Je subis peut-être l'influence de mes souvenirs du lycée, où la meilleure composition de mathématiques n'eût pas valu à son auteur un prix de discours français.

Je suis certain que tel est aussi l'avis de nos soldats.

Entendez-les parler quand ils se rencontrent entre permissionnaires ou blessés et quand ils échangent les nouvelles. Les noms et les sobriquets défilent sur leurs lèvres.

— Et Tété? le légendaire Tété?

— Plus épatant que jamais.

Et l'on raconte les derniers exploits de Tété. Puis :

— Eh bien ! est-il cité cette fois?

— Tu n'voudrais pas !

C'est tout. Ils ne récriminent pas ; ils ne formulent aucun reproche. Mais il y a le ton. Et à la manière dont est dit ce « Tu n'voudrais pas », on comprend bien qu'au contraire ils voudraient l'un et l'autre, et que leur regret inexprimé est que d'autres n'aient pas voulu.

Il faut que désormais on veuille, qu'on s'applique à découvrir jusque dans le rang ces héros obscurs qui sont l'admiration et l'exemple de leurs camarades. Il faut chercher et pousser en pleine lumière les Tété et autres. Ne me dites pas qu'ils sont trop. A soldats prodigues de courage et de sang, il faut patrie prodigue de reconnaissance. Un peu d'économie d'un côté, un peu plus de largesse de l'autre, et le budget de la gratitude nationale ne pourra que gagner en équilibre.

Et comment mieux célébrer et fêter nos victoires ?

(Le Gaulois.)

LE 82ᵉ

6 octobre 1915.

Sous le numéro 82, au tableau que l'Ordre des avocats à la Cour de Paris consacre à la mémoire de ceux de ses membres tombés au champ d'honneur, vient de s'inscrire un nom qui m'était très cher, qui m'est devenu sacré : Henri Millevoye.

Il y a dix ans, dans la bibliothèque des avocats, où se réunissait la conférence, je donnais la parole à l'un des secrétaires nommés l'année précédente. Je vis se lever un grand beau jeune homme, droit et mince; dès ses premières paroles, je fus conquis. Une voix chaude et grave, de l'émotion et de l'aisance, une ardeur maîtrisée par la volonté, une rare distinction de pensée, la phrase élégante et sans apprêt. Je vis nettement imprimé sur ce jeune front de vingt-trois ans le sceau de l'avocat.

Il devenait quelques jours après mon collaborateur. Il s'établissait alors entre nous cette intimité de cœur et d'esprit, née du travail commun et dont je ne crois pas qu'aucune autre profession que celle d'avocat puisse donner l'exemple. Dans cet échange quotidien, je sens aujourd'hui, en faisant tristement mes comptes, que je suis resté le débiteur d'Henri Millevoye. S'il m'est arrivé de le faire profiter des leçons de l'expérience en l'aidant à discipliner ses belles qualités et à promener la serpe d'élagage dans ses riches frondaisons, que n'ai-je point gagné au contact et à la contagion de cette chaleur et de ce mouvement juvéniles? J'en faisais, à la veille de la guerre, la décisive épreuve. Il m'assistait au cours des longues et pesantes journées d'un procès criminel, dont le souvenir, bien rapetissé par le grand drame, me hante parfois encore. Il venait me voir chaque matin. Il lui arrivait de recueillir l'aveu de ma lassitude en face de la formidable coalition qui encerclait et submergeait notre petit groupe isolé. Il prévenait mon découragement. Il repoussait mes « A quoi bon? » Il me montrait les lendemains vengeurs de la défaite inévitable et prévue.

Comme les bruits de guerre commençaient de gronder, il y trouvait l'occasion d'appels plus vibrants au devoir qui est, dans toute bataille, pour l'escouade sacrifiée, de tenir, de tenir quand même et jusqu'au bout, pour l'honneur des armes, pour réserver la contre-attaque et la revanche. Ainsi retendait-il le ressort de nos énergies et l'empêchait-il de se briser.

Le temps aurait fait de lui un grand avocat; il ne lui a pas été laissé. Il a suffi du moins pour faire un beau soldat.

Je l'ai vu partir le jour de la mobilisation,

celui qui ne reviendra pas. Quel entrain! Quel enthousiasme! Quel *cran!* Le vent de la bataille, en soufflant sur cette flamme, la fit encore plus haute et plus vive. Ses chefs reconnurent aussitôt en lui un entraîneur. Les galons de sergent ne s'attardèrent pas sur sa manche. Le soir d'une chaude affaire il était sous-lieutenant. Quelques mois après, il quittait son régiment pour un emploi qui paraissait, mieux que la vie de tranchée, devoir satisfaire son insatiable appétit d'activité. Mais il fut vite pris de la nostalgie du régiment. Ses chefs, ses camarades, ses hommes du ...⁶, il ne parlait que d'eux dans toutes ses lettres. Il était inconsolable de les avoir quittés. Les regrets étant mutuels, la séparation ne se prolongea pas. Avec un second galon, il rentra à son cher régiment.

Le mercredi 22 septembre, il arrivait en permission. Dans le cercle familial où il devait passer six jours, je n'oserais pas affirmer qu'il ne commit aucune indiscrétion sur les travaux qui s'exécutaient au front et faisaient prévoir l'offensive imminente. Mais après quinze minutes, son récit fut coupé par le téléphone. Dépêche de quatre mots : « Revenez immédiatement au corps. »

L'effet ne fut pas celui qu'on pouvait craindre. Il rit.

« Bravo! A quelle heure le train? Dans trois heures. J'ai le temps, je vais tuer un perdreau. »

Et il le fit, sans que personne se fût avisé de lui dire que c'était défendu.

A l'heure fixée, sur le marchepied du wagon, il embrassait sa jeune femme, me serrait la main et partait. Il riait.

Trois jours plus tard, le 25, au début de l'assaut, une balle en plein front. Henri Millevoye était mort pour la France. S'il en a eu le temps, j'affirme qu'il a ri.

Ce n'est pas seulement pour rendre hommage à la mémoire de mon jeune ami que j'écris ces lignes. C'est que ni la vie ni la mort d'Henri Millevoye ne font exception. Combien sont-ils, dans les rangs de notre armée, égaux à lui en belle humeur, en vaillance, en mépris de la mort! Là est notre orgueil, là notre foi. C'est à la source amère des larmes versées par les veuves et les mères qu'il nous faut les retremper sans cesse. Mais à l'homme maudit, auteur responsable de nos douleurs, nous avons le droit de dire en face :

« C'est par centaines de mille qu'il vous faut faire tuer par vos machines et vos hommes nos beaux et braves enfants de France, si vous voulez la victoire. Vous ne pourrez pas. Il y en aura toujours. »

(Le Gaulois.)

LE CIVIL

16 octobre 1915.

Je demande la parole pour un condamné dont je voudrais tenter la réhabilitation. L'entreprise est rude et ma voix risque de demeurer isolée. Contre mon malheureux client tous les sarcasmes et toutes les ironies s'exercent; par la plume et le dessin il est livré chaque jour à la risée publique. Ce condamné pour lequel je demande grâce, c'est vous, c'est moi, c'est « le civil ».

On est injuste pour lui et je me fâche.

Le civil vaut mieux que la réputation qu'on lui a faite. Si l'on veut bien constater le régime inauguré à son égard dès le début de la guerre, continué pendant quinze mois, aggravé encore par la situation actuelle, on arrive successivement à l'excuser, à le plaindre, à l'admirer.

On est parti de ce principe que le civil ne méritait aucune confiance et n'avait aucun droit de rien savoir, que la moindre parcelle de vérité lui serait nuisible, qu'il serait par conséquent interdit de le renseigner.

Le principe étant posé au nom des intérêts supérieurs de la Défense nationale, le civil, bon patriote, s'est résigné. Il n'avait jamais demandé qu'on lui ouvrît les portes du grand quartier général ou les fenêtres des chancelleries; mais il avait espéré qu'au moins sur les événements accomplis on lui fournirait un mince rayon de lumière. Refusé. Refus accepté.

Il en est résulté pour lui quelques secousses assez violentes, auxquelles rien ne le préparait et qui furent pénibles à supporter. Le civil courba l'échine. Le régime de l'obscurité en se prolongeant tue bêtes et plantes; le civil vécut.

Mais s'il se laissa parfois aller à prêter une oreille trop complaisante aux commérages et papotages, où le faux et le vrai s'amalgamaient, il ne faut pas plus s'en étonner que de voir un sable desséché absorber avidement les quelques gouttes d'une rapide averse.

Un autre supplice lui était réservé.

Tout en maintenant avec une rigueur croissante la défense de dire au civil les vérités qu'il réclamait, on ne vit aucun inconvénient à le tromper, dans la pieuse intention sans doute de lui remonter le moral, et on ouvrit ou l'on laissa ouvrir le robinet des bonnes nouvelles — bonnes mais fausses. Le flot des balivernes coula, avec approbation et encouragement de la censure. Et l'on nous en conta ! Les cheveux blanchis, la mine défaite, l'otite et l'opération du Kaiser ; le divorce du Kronprinz ; les mutineries de l'armée allemande ; la disette de l'Allemagne, le pain K, le massacre des petits cochons boches; les plants de pommes de terre gelés en février, quand on ne les fait qu'en mai; la faillite de la Hambourg America; la disgrâce de Hindenburg, etc., etc. Il fallut que l'estomac du civil digérât ce plat de nouvelles et celui de leurs démentis. Il a digéré; il était solide.

Depuis cinq semaines c'est bien autre chose. On n'a pas pu empêcher d'arriver jusqu'aux oreilles du civil les coups de tonnerre, puis les coups de canon des Balkans. On n'a pas pu taire au civil ce que préparaient les Allemands, qui, loin de se cacher, criaient leurs projets par-dessus les monts. Le civil a su la concentration des troupes austro-allemandes sur la frontière serbe; il a su la félonie du roi Ferdinand jetant ses troupes dans les bras du Turc; il a su que la Roumanie restait indifférente et qu'après avoir pris un bel élan la Grèce refusait le saut. Le civil, sans perdre sa foi, que réchauffaient à propos nos succès d'Artois et de Champagne, a demandé qu'on le rassurât.

Vous savez ce qu'on lui a répondu. Il est indiscret; il n'a rien à savoir; il ne saura rien. Il est renvoyé à ses ténèbres. Pour épaissir l'ombre où il se débat, on condamne jusqu'aux jours de souffrance. Et si le civil s'impatiente et s'énerve, s'il fait valoir que, par le don généreux qu'il fait de ses enfants, par l'étendue douloureuse de ses sacrifices et de ses deuils, il a droit à la charité d'un filet lumineux, on accuse son pessimisme et on lui reproche ses faiblesses.

De quoi se mêle-t-il? A-t-il à savoir combien on sera au rendez-vous en Serbie, ni quand nos amis les Anglais y arriveront, ni si les admirables Russes y sont déjà, ni si notre belle et vaillante sœur latine, lassée de faire chaque jour sa douzaine de prisonniers dans la région de l'Astico, ne se décidera pas à tenter la courte traversée de l'Adriatique? Possible : « *Il y a lieu de le penser* », déclare le Président du conseil.

Tout cela, depuis longtemps, l'ennemi le sait, nous n'en doutons pas. C'est déjà trop. Le civil n'a pas à le connaître.

Eh bien, soit! Le civil supportera le mal des ténèbres, il gardera sa confiance aveuglée à nos gouvernants, à nos chefs militaires, à nos alliés. Il ne demandera plus où l'on envoie ses fils. Salonique? Dardanelles? Petits paquets ou grande armée? Avec ou sans les Anglais, les Italiens et les Russes?

Mais je me jette au pied des faiseurs de bons mots, des satiristes, des dessinateurs spirituels. Je les supplie de ne plus blaguer le civil. Il a son lot.

(Le Gaulois.)

LA VIE CHÈRE

23 octobre 1915.

Vous connaissez le mot prêté à un général qui, montant dans son auto, donne, après l'indication de l'adresse, ses instructions au chauffeur :

« Vite ! et surtout n'écrasez pas de militaires. » Le mot, sans doute, n'a jamais été dit. Mais il résume avec esprit le dédain dans lequel il est resté de bon ton de tenir la population civile et qu'on peut pousser jusqu'à la liberté de l'écrasement. En professant ce mépris, on croit être agréable à nos combattants, dont on exalte par le contraste les sublimes vertus. En réalité, on leur fait injure. Ils n'ont besoin pour être grands et beaux d'aucun repoussoir. C'est peu les connaître que de les croire accessibles à ce genre de flatterie qui est arrivé à les agacer presque autant que ce qualificatif de « poilu », mot vilain, bien antérieur à la guerre, emprunté à l'argot des bars, dont ils ne se servent pas entre eux, dont l'emploi incessant à l'arrière provoque leur exaspération.

Mais quand une erreur a passé dans les habitudes et les mœurs, rien ni personne ne réussit à la redresser. On persistera à croire que « poilu » est de bonne langue militaire; on continuera d'écraser le civil, jusqu'à ce qu'il en meure.

Il n'en est pas encore là; mais il a peine à vivre. Et chacun en fait la coûteuse expérience.

Avez-vous remarqué quels efforts je fais pour ne pas écrire ces trois mots qui fournissent une rubrique quotidienne aux journaux?

« La vie chère. » Chut! Quelle imprudence! Pensez-y, puisque vous ne pouvez faire autrement, ni quand vous mettez une bûche au feu, ni quand sobrement vous déjeunez d'un œuf à la coque et d'une côtelette. Mais n'en parlez jamais.

C'est, nous apprend le très distingué président du conseil municipal, un mot dangereux. C'est à force de rouler de bouche en bouche que ce mot funeste multiplie le mal et fait hausser les vivres. Magie des mots! Voilà bien de tes coups. Je n'aurais pas prévu celui-ci. Je comprendrais une autre raison de nous abstenir de ce vocable : c'est qu'il est désagréable aux oreilles de ceux qui y trouvent la preuve de leur imprévoyance ou de leur incapacité. Je n'aurais pas cru qu'à écrire ou prononcer ces trois mots on risquait de provoquer l'effervescence du poisson et les mouvements du camembert.

Mais je suis sans compétence. Nos plus hauts fonctionnaires, ministres et préfets, me conseillent de me taire. Je me soumets. Si demain les mercuriales accusaient une hausse, ils me rendraient responsable. Toutefois, une autre indication m'ayant été donnée sur le caractère « vague et indéfini » de ce mot abusif, j'ai considéré comme un devoir de préciser et de définir. J'ai fait moi-même ma commande de chauffage.

— Le prix du charbon de terre? ai-je demandé avec douceur à un jeune commis du chantier voisin.

— Cent quinze francs les 1 000 kilogs.

— Ah! — Le prix du bois?

— Scié deux traits : 80 francs les 1 000 kilogs.

— Oh! — Les petits fagots?

— Douze francs le cent.

— Oh! oh!

— Et la montée aux étages doublée.

— Très bien. Mais ne connaissez-vous rien qui ait diminué?

— Si, monsieur. Les rentes.

On a de l'esprit dans les bois et charbons.

Comme il y a des procédés de chauffage à l'alcool et à l'essence, j'ai cru trouver là une ressource. Mais le litre d'alcool était à 1 fr. 50 et personne d'ailleurs n'en avait. Mais le litre d'essence était à 0 fr. 90 et personne n'en avait davantage.

Aucun de ces chiffres n'était vague ni indéfini.

Et ce fut bien autre chose quand je priai la cuisinière de m'autoriser à jeter un regard sur son livre. Chacun des articles représentait une « précision » regrettable et le total en était pesamment « défini ».

Croyez-vous que je me plaigne? Non. Je sais que je ne suis pas intéressant, et je comprends si bien!

On s'est cru quitte avec la population civile en lui distribuant les allocations. On y a mis une largesse qui est allée jusqu'au gaspillage. On s'est dit que tout était fait.

Sans doute, la situation actuelle s'annonçait depuis l'été. Elle était aussi facile à prévoir que l'agression de la Serbie et la traîtrise de Ferdinand. Depuis des mois, on connaît les besoins, on promet d'y pourvoir. Charbons, sucre, viande frigorifiée, rien ne devait nous manquer; et tout fait défaut. Nous avons pourtant des ministres et des préfets. C'est vrai; mais ces besoins civils leur ont paru dédaignables. Payer un peu plus cher sa chaleur et son dîner : qu'est-ce que cela pour un civil? Dans le grand émoi de la nation en armes, quelle place méritent de telles doléances? Si une plainte s'élève, c'est avec un peu d'impatience que les fonctionnaires compétents y ferment leurs oreilles et invitent les plaignants à fermer la bouche.

« Non! non! n'en parlez pas! c'est dangereux », dit-on tout haut.

« Tais-toi, civil. Et paie », dit-on tout bas.
Je paierai et je me tais.

(Le Gaulois.)

LA CRISE DES GAZ

15 novembre 1915.

Nous avons la crise des sous, la crise des vivres, la crise du charbon, la crise des loyers. On en souffre, mais l'Allemagne paraît en souffrir plus que nous. On n'en mourra pas. C'est la raison à laquelle se tiennent sans doute les responsables pour excuser leur imprévoyance.

Il est une autre crise plus grave dont malheureusement quelques-uns meurent dans les tranchées, meurent sans gloire, sans représailles ni vengeance. Il doit être permis d'en parler. Le lieutenant-colonel Rousset a donné l'exemple, bon à suivre.

Voici de longs mois écoulés depuis qu'un ennemi, dédaigneux de toutes les lois, même des lois de la guerre, a imaginé et mis en pratique une arme cruelle et lâche, a répandu sur nos troupes ses nappes de gaz toxiques, a lancé ses obus asphyxiants et lacrymogènes, a projeté ses liquides enflammés. Nous avons connu par les communiqués officiels ces procédés de sauvages et nos hommes en ont éprouvé l'efficacité.

Quelle a été notre réponse? C'est la question que pose l'éminent critique militaire. Il observe que jamais aucun de nos communiqués n'a fait mention de l'emploi par nous de ces moyens, chers aux troupes ennemies et meurtriers aux nôtres. Et il interroge.

Est-ce donc que nous n'aurions pas résolu le problème de la composition et de la fabrication de ces gaz?

Ou serait-ce qu'ayant trouvé aussi bien ou mieux que les chimistes allemands, nous hésiterions devant l'emploi?

Ou bien encore faut-il croire qu'ayant fait usage de l'arme inaugurée contre nous, on en ait un peu honte et qu'on s'en cache ?

Je doute fort que le lieutenant-colonel Rousset, qui s'est montré toujours si bien informé, soit hors d'état de répondre aux questions posées par lui. Son ignorance apparente n'est qu'une feinte. Il sait à quoi s'en tenir. Mais son scrupule l'arrête ; peut-être aussi la pensée qu'au détour du chemin la censure le guette, lunettes en tête, ciseaux en main.

Je ne crois pas que la censure puisse commettre la maladresse d'imposer le silence sur une question que nos soldats ne cessent d'agiter à la ligne de feu, Quand ils ont subi ce dégoûtant supplice, quand, ils en ont eu la cruelle souffrance, ils ne reprennent leur connaissance que pour exhaler des plaintes contre le défaut de représailles. C'est un service à rendre au haut commandement que de faire parvenir jusqu'à lui ce cri qui s'élève des tranchées et dont la discipline étouffe les échos. Car il est des choses qu'une simple infirmière peut apprendre au chevet d'un blessé, et qu'au travers des rapports optimistes et respectueux les grands chefs peuvent ne pas connaître.

Faut-il craindre, d'autre part, de livrer à l'ennemi un renseignement militaire? La crainte serait puérile. Les Allemands savent bien si on emploie ou non contre eux les vapeurs suffocantes et les obus lacrymogènes. Ils savent tout aussi bien si nous en fabriquons, et je ne suppose pas qu'ils ignorent le texte de nos communiqués. Pourquoi, dès lors, entretenir et prolonger un mystère qui n'existe pas pour eux? Pourquoi la censure interviendrait-elle? En tout cas, je m'y risque, dans la seule intention d'apporter un soulagement à nos braves enfants qui, du fond de leurs tranchées, le réclament.

Oui, nous avons gaz et obus asphyxiants.

On le sait par des témoignages qui sont à la portée de tous.

Non, exception faite pour quelques obus, on ne les emploie pas. Car vous ne verrez pas un blessé, retour des Flandres, d'Artois, de Champagne ou d'Argonne, qui jamais, en préparation ou au cours d'une attaque, en ait vu faire usage.

Pourquoi? Ici on est réduit aux suppositions. Voici la plus plausible.

Le procédé est contraire aux lois de la guerre; nous l'avons condamné quand il a été employé contre nous; l'esprit de représailles ne suffit pas à justifier l'emploi que nous en ferions nous-mêmes. L'univers nous observe et nous juge. Il faut devant les neutres garder figure loyale et chevaleresque. Champions du droit, il nous est interdit de faire une guerre de barbares.

Si tel est notre scrupule, notre duperie dépasse toutes limites. Quand l'Allemagne a jeté à la face du monde les débris du

« chiffon de papier », elle a expliqué son mépris des traités par cette seule phrase : « On attaque comme on peut. » Elle est restée fidèle à sa devise. Nous avons dans notre candeur cru qu'elle allait soulever contre elle la réprobation du monde. Sommes-nous enfin réveillés de notre erreur ?

Chacun de ses forfaits lui a profité. Plus elle franchissait d'étapes dans l'horreur et la barbarie, plus elle donnait l'impression de la force, plus elle intimidait les neutres, plus elle étouffait sous la poire d'angoisse les voix disposées à la maudire. Elle a obtenu ainsi des résultats tels que notre diplomatie n'est pas encore remise de son étonnement. Elle a confondu dans un paradoxal embrassement Turcs et Bulgares. Elle a réduit à une immobilité énigmatique la Roumanie. Elle a calmé les soubresauts de la Grèce. Elle s'est assuré sur certaines côtes mal surveillées de la Méditerranée le ravitaillement de ses sous-marins. On a pu croire après le crime monstrueux de la *Lusitania* que cette fois elle avait exagéré le système, que la mesure était comble, que l'insolent et douloureux défi serait relevé. Nous savons la conclusion : elle est d'hier. Les États-Unis ont adressé une note à l'Angleterre! Et l'*Ancona*, bien que l'Italie ne soit pas en guerre avec l'Allemagne, est torpillé et fait trois cents victimes. Il est vrai que c'est l'œuvre d'un sous-marin autrichien. Oui. Allez-y voir.

L'enseignement suffit. Les temps chevaleresques sont révolus. Ceux qui paient de leur peau, de leur sang, de leur vie n'en veulent plus. Frappe où tu veux, tue comme tu peux. Sois dur, sois fort. Fais-toi craindre, fais-toi haïr; on fera mine de t'aimer.

Et je conclus. Puisque nous avons gaz, vapeurs, obus et liquides inflammables, servons-nous-en. On se défend comme on peut.

(Le Gaulois.)

LES GAZ ET LA CENSURE

22 novembre 1915.

J'ai entrepris ici même et sans que personne s'en puisse souvenir l'éloge de la censure. Je reconnais n'avoir pas fait école. Malgré mon isolement, je persiste à considérer qu'elle peut rendre d'utiles services, notamment celui de fournir, malgré elle, les renseignements mêmes qu'elle s'applique à refuser à nos plus légitimes et inoffensives curiosités. Il n'est que de s'en servir. Je viens d'en faire à nouveau l'épreuve et il me plaît surtout de penser que nos soldats en vont tirer profit.

C'était une irritante préoccupation que ces gaz axphyxiants employés contre nous et dont il n'était pas par nous fait usage. C'était insupportable de les voir apparaître périodiquement dans les attaques allemandes, d'en connaître les méfaits et de ne même pas savoir si nous avions des produits de mêmes nature et efficacité.

Mon ignorance personnelle à ce sujet était à peu près celle de tous. Je n'appartiens pas en effet à ce qu'on appelle « les milieux informés » et je ne tente aucun effort pour y pénétrer, de crainte d'y faire moisson de fausses nouvelles. J'entretiens, il est vrai, de mon mieux le contact avec quelques-uns de nos combattants. Mais ils sont disciplinés, donc discrets. Tout ce qu'on peut savoir par eux, c'est qu'ils sont asphyxiés de temps en temps et qu'ils n'asphyxient jamais.

Alors pourquoi? Avons-nous des gaz et des obus suffocants? L'énigme subsistait impénétrable et cruelle.

Pour en sortir, j'ai pensé à la censure.

C'est par elle, me suis-je dit, que j'aurai le renseignement.

J'écrivis donc un article auquel je donnais un titre destiné à faire froncer plusieurs paires de sourcils de censeurs : « La Crise des gaz. » Je posai la question : « Les avons-nous ? » Et aussitôt j'y répondis d'autorité par une hardie affirmation.

J'en étais moins certain que je ne le disais. Mais je m'attendais bien, si je m'étais trompé, à ce que la censure ne laissât point passer sur un tel sujet une aussi grave erreur. J'attendis.

L'attente fut courte. Le *Gaulois* du lendemain offrit à mes regards une première colonne aussi blanche, aussi vierge qu'Ève avant le péché. Je n'en éprouvai nulle souffrance d'amour-propre. Mais la réponse que je croyais tenir me navrait. Nous n'avions pas de gaz asphyxiants.

Le lendemain, surprise. La censure s'est ravisée. Elle autorise la publication, ne pratiquant que quelques suppressions, dont je lui garde la plus sincère gratitude. Je me reproche souvent, quand j'y prends garde, d'abuser des adjectifs. Il s'est trouvé à la censure un bon styliste pour en faire la remarque. Il m'a supprimé une demi-douzaine d'épithètes inutiles. J'ai été surpris moi-même de ce que la phrase y gagnait.

Le point essentiel était acquis. Mon aventureuse affirmation sur l'existence et la fabrication des gaz et obus asphyxiants recevait la consécration réfléchie de la censure. Elle ne savait pas, le samedi. Ses ciseaux passent, elle coupe. Elle se renseigne le dimanche. Elle prend l'aiguille et recoud. C'est bien par elle que nous sommes fixés.

Nous le sommes aujourd'hui par surcroît grâce à une note officielle communiquée à la presse et qui nous apprend que la commission sénatoriale de l'armée « a adopté à l'unanimité un ordre du jour motivé insistant pour l'emploi, sans réserve d'aucune sorte, par nos armées des gaz asphyxiants et pour l'adoption de moyens de préservation plus complets contre les attaques ennemies ».

Notez la seconde partie du vœu. Elle me remplit d'aise. En effet, la censure n'avait pas exécuté seulement quelques adjectifs qui lui avaient déplu. Elle avait supprimé une appréciation peu louangeuse des masques protecteurs actuellement en usage. Dans l'intérêt de nos soldats, je suis heureux de voir que la commission sénatoriale manque également d'admiration, qu'elle a le droit de le dire et qu'on va étudier une amélioration reconnue nécessaire.

Tout est donc bien. C'est, je crois, les 24, 25 et 26 avril que nous avons appris par les communiqués le premier emploi de cette arme nouvelle de nos ennemis. C'est le 16 novembre que la commission sénatoriale a émis le double vœu des représailles et d'une protection plus efficace. Ce n'est qu'un retard de sept mois. Qui se plaindrait ?

Rien ne sert de courir : il faut partir à point.

On doit reconnaître que les alliés observent scrupuleusement le premier avis : ils courent peu. Partent-ils toujours à point? Je m'applique à le croire. Quelques-uns ont des doutes — la Serbie, prétend-on.

(Le Gaulois.)

LÉGENDE ET VÉRITÉ

28 novembre 1915.

Je n'ai pas fait de visite à la ligne de feu ; je ne suis pas descendu dans la tranchée. Il en résulte en ma faveur une grande supériorité d'information sur les privilégiés qui ont pu faire le voyage et passer l'inspection d'une partie du front. Je ne cherche pas à rire : le sujet n'y prête pas. Je m'explique.

Au temps lointain des distractions mondaines, Madame avait son jour pour recevoir ses amies. Elle faisait sa commande chez le pâtissier, garnissait de fleurs ses jardinières et ses vases et passait la peau sur le samovar. Ce n'était qu'à la fin de la réception que la vie sincère et sans apprêts reprenait son cours ; les fleurs se fanaient, la théière perdait son éclat et les petites misères intérieures apparaissaient sans voiles.

Il en est de même des caravanes de journalistes ou de parlementaires auxquelles on permet la visite aux armées. Tout est fixé d'avance : le jour, le parcours, le secteur à voir. Tout est commandé, tout est réglé avec ponctualité. Le programme se déroule sans surprise. On sait quels entonnoirs on montrera, sur quels points on fera voir la différence entre la fumée de la grosse marmite et celle de l'obus de 77, quelle section de quel régiment on visitera, quel mur en ruines servira de fond aux clichés du photographe. Grands acteurs et humbles figurants sont à leur poste et à leur rôle. Les spectateurs sont émerveillés et leur émerveillement se traduit par ces descriptions et ces récits où se dépensent le talent et l'éloquence de l'écrivain, où l'on voit d'un bout à l'autre de la ligne de feu circuler un grand courant d'enthousiasme exalté, où à chaque détour de boyau il se trouve un poilu pour surpasser Corneille en mots définitifs, où l'aménagement de la tranchée rivalise avec le confort du cantonnement de repos, où plus rien n'est à faire parce que tout est parfait, où les sacrifices sont acceptés et presque recherchés, où un officier ne craint pas de s'écrier en propres termes : « Tenez, je viens de voir mes mutilés, heureux, oui, heureux d'avoir fait un sacrifice au pays. »

Je n'ai pas l'impertinence de suspecter l'absolue sincérité de ces récits, que met encore en relief la plume expérimentée de l'écrivain. Je suis convaincu que rien n'y est inventé, que la description est fidèle et que les propos rapportés ont été tenus. Je ne me demande même pas comment un officier peut, sur la ligne de feu, aller voir *ses* mutilés, que je croyais dispersés à l'arrière dans les formations sanitaires. Mais l'erreur et l'illusion me paraissent grandes dans la généralisation à laquelle se laissent entraîner ces peintres bien intentionnés de la vie au front. Entre eux et la vérité s'est interposé le rideau des préparatifs et des égards qu'on doit aux visiteurs de marque annoncés et attendus. Ils ont vu Madame à son jour.

Il n'y a donc ni témérité ni ridicule à se dire plus sûrement renseigné, quand on s'est trouvé soustrait à ce mirage et quand, par relations continues avec les permissionnaires, les blessés, les convalescents, on s'efforce de connaître, pour y porter remède, les souffrances, les sacrifices, l'état d'esprit de nos troupes. Ce n'est pas avec les chefs qu'on a l'honneur alors de s'entretenir. C'est directement le petit troupier qui se livre et se raconte, qui vous fait connaître sa vie, ses fatigues, sa peine, ses défaillances momentanées, et vous inspire alors, avec une égale admiration, le désir apitoyé de lui prêter une assistance plus attentive.

Car c'est là le grand danger de l'outrance dans l'optimisme; c'est de décourager les efforts dont on démontre ainsi l'inutilité. Il fut un temps où il était interdit de signaler aucune défectuosité d'aucun des services de l'armée. La consigne de l'éloge universel était rigoureuse. Le service de santé était sans reproches; nous avions tout en abondance, canons, munitions et le reste. Nous pouvions dormir. N'est-il pas heureux que des infractions à la loi du silence et du sommeil se soient produites et que la critique ait pu se faire entendre? Qui niera les améliorations et les réformes ainsi obtenues?

Et aujourd'hui, s'il est vrai qu'il n'y ait plus rien à ajouter au confortable et à la sécurité des tranchées, que les boyaux soient débarrassés de leur boue et qu'on y circule à sec, que par des moyens efficaces et un système bien organisé des relèves on protège nos hommes contre les méfaits de l'hiver, pourquoi chercher mieux? L'idéal est atteint.

Mais non! Quoi que vous ayez vu, vous savez bien qu'il reste beaucoup à faire et qu'il y faut travailler sans relâche. C'est une rude école que la guerre : on y apprend chaque jour; et on se laisse dépasser sans possibilité de rejoindre si on manque une seule classe. A cette école nous avions tout à apprendre. Gardez-vous de dire que nous savons tout et qu'il ne reste plus qu'à faire la distribution de prix.

J'entends bien : il faut soutenir le moral de nos hommes. Ah! prenez garde encore! Sait-on que la presse n'a pas, si j'ose dire, très bonne presse dans la tranchée? Sait-on que tel article sur le splendide enthousiasme des poilus, sur la joie héroïque de la course à la mort, sur l'exaltation des blessés, sur la soif du martyre, provoque entre les hommes des commentaires goguenards qui parfois prennent l'accent de la colère? Ils ne veulent pas de la légende, étant en possession de la vérité. Ils en veulent d'autant moins que le vérité est, comme l'a fait justement observer Gustave Téry, bien plus belle que l'illusion.

Oui, nous avons eu et nous aurons encore les heures d'ivresse enthousiasmée. Oui, nous savons comment le jour de l'attaque nos hommes escaladent le parapet; comment au printemps dernier on les a vus, la chanson aux lèvres, piller sous la mitraille les jardinets des villages conquis et se transformer instantanément en touffes de lilas en marche; comment, à la fin de septembre, on a retrouvé chez eux le même élan, la même fièvre, le même et superbe mépris de la mort.

Mais ne me dites pas que cette ivresse demeure quand est fini le banquet et que les flacons sont vidés. Ne détournez pas mes yeux de la tranchée boueuse sur laquelle tombe le froid des interminables nuits d'hiver. Ne me contez pas la joie de pauvres gars qui, brisés de sommeil et de fatigue, sentent les yeux se fermer, les pieds s'insensibiliser, les membres se raidir. Ne me décrivez alors ni leur bonheur ni leur orgueil. Ne jetez aucun voile sur leurs misères. C'est parce qu'ils souffrent qu'ils sont grands et beaux. Montrez-moi leurs maux pour nous permettre d'y chercher ensemble un soulagement et un remède. Ce n'est pas compromettre l'inaltérable foi que se refuser à l'optimisme satisfait qui tarirait les sources de l'amour et de la pitié. Nous sommes désormais assez forts et sûrs de nous pour regarder la vérité en face. Je m'y suis efforcé déjà, je m'y appliquerai encore : l'hiver m'y convie.

(Le Gaulois.)

LES PIEDS GELÉS

5 décembre 1915.

Dix degrés de froid un jour. Verglas, neiges, pluies diluviennes ensuite. L'hiver promet et tient déjà. La vie se fait dure aux tranchées. La série des pieds gelés commence. Trois lettres consécutives me le signalent.

Savez-vous bien ce que sont les pieds gelés? Vous le savez, si vous avez, l'hiver dernier, visité un hôpital ou un dépôt d'éclopés. Vous savez alors qu'il y a des degrés dans ce genre d'affection, que le mal peut être d'extrême gravité, que la gangrène guette le membre atteint, que les chairs et les os se détachent alors comme fruits pourris et que la double amputation peut s'ensuivre.

On doit avoir maintenant le droit de dire qu'au cours de l'hiver dernier, qui ne fut cependant pas rigoureux, le mal se propagea et prit les proportions d'un fléau. La leçon a été dure, comme toutes celles qui nous viennent de cette maîtresse d'école, la guerre. Il faut qu'elle nous ait servi. « La série des pieds gelés » ne doit pas se continuer.

Les pieds gelés sont dus au concours de trois agents : le froid, la compression, l'immobilité.

Contre le froid, j'imagine que les précautions sont prises. On nous a conté (mais que ne conte-t-on pas ?) que les Allemands ont établi tout au long de leurs tranchées un câble électrique, distributeur de chaleur, sur lequel chaque homme peut se brancher, pour sentir aussitôt se répandre dans tout son être de printanières chaleurs. Croie qui voudra. Je n'en demande pas tant. L'intendance a en magasin des montagnes de lainages. Il suffit de répartir, afin de prévenir le gaspillage sur un point et la disette sur un autre. Chaque homme a-t-il touché chandail, passe-montagne, chaussettes, chemise, etc.? Question.

L'intendance doit avoir aussi du charbon, puisque nous, les civils, n'en avons pas ou guère. Chaque compagnie touche-t-elle, à la tranchée ou au cantonnement de repos, l'aliment des braseros? Question.

Si j'interroge, c'est que j'ai de bonnes raisons de n'en être pas sûr.

Mais ce n'est pas tout. En dépit des lainages et du brasero, les pieds gèleront tout de même si le sang n'y circule pas librement et si la jambe est comprimée. Pas de bandes serrées autour du mollet. Les bandes savamment enroulées sont du plus gracieux effet dans les rues de Paris et provoquent la légitime admiration des voyageurs du Métro quand elles moulent les muscles de nos brillants auxiliaires. Mais quiconque en a porté sait quel engourdissement elles provoquent. Je ne propose pas de les remplacer par les bottes imperméables, qui ne se trouvent que sous la plume des optimistes illuminés et que jamais personne n'a vues aux tranchées. Mais tout vaut mieux, fût-ce une simple ficelle pour serrer le pantalon au-dessus du godillot et qu'on dénoue dès que l'état du sol le permet.

Et ce n'est pas tout encore. L'immobilité prolongée, voilà le grand coupable. S'il est vrai que l'année dernière, pour ne pas parler de celle-ci, on ait dans certains secteurs entassé les hommes dans la tranchée de première ligne pendant trois journées et trois nuits consécutives, sans relève, ne cherchez pas ailleurs d'où sont venus les pieds gelés.

On s'était dit : « Plus on est nombreux, mieux on veille. » Erreur énorme. Quand tout le monde doit veiller, tout le monde dort, parce que l'homme, privé de sommeil et de mouvement, succombe à la fatigue, s'arc-boute à la terre, aux voisins. La section n'est plus, dès la seconde journée, qu'une masse informe, immobile, boueuse et glacée ; les pieds, les pauvres pieds, ne portent plus leur homme, mûr désormais pour l'évacuation.

Voyez les Boches. Par la proximité des lignes sur certains points, par la conquête des tranchées que nous leur avons enlevées, on sait comment ils procèdent. Des sentinelles en petit nombre, tirant sans arrêt, relevées toutes les deux ou trois heures. Tout le gros de la section abrité dans de grandes chambres souterraines très profondes, aménagées avec soin dans les boyaux d'accès. L'abri relié à la tranchée par un système d'avertisseurs qui permet à la sentinelle d'alerter instantanément la section. Pas de surprise possible, et le service de tranchée réduit à son minimum de souffrance.

Mais, puisque nous le savons, que nous avons le double enseignement de l'expérience et de l'exemple, nous le faisons aussi, ou nous allons le faire? Question.

Je m'arrête à bout de souffle, malgré la tentation, à laquelle je succomberai peut-être, d'aller faire une visite au cantonnement dit de repos. J'ai reçu quelques invitations pressantes, que je n'ai pas le droit de décliner. Si elles ne flattent pas l'amour-propre, si elles ne sont accompagnées d'aucun sauf-conduit, si elles ne sont signées d'aucun grand nom, elles sont émouvantes par leur humilité même. C'est l'appel du simple soldat qui peine pour moi, se bat pour moi, demain peut-être mourra pour moi.

Cela vaut bien que je m'expose aux railleries de ceux qui ne manqueront pas de renvoyer à ses codes cet avocat qui, au coin de son feu, fait de l'hygiène, de la médecine et du service en campagne.

J'ai une autre excuse. J'ai lu l'insolent discours du Kaiser promettant à ses troupes de nous mettre à genoux. « Vraiment, sire ! A genoux ? L'armée que vous avez vue sur la Marne, sur l'Yser, en Alsace, en Artois, en Champagne ! A genoux ? Est-ce par les pieds gelés que vous y comptez parvenir ? Ce serait un moyen, ce serait même le seul. On ne vous le laissera pas. »

(Le Gaulois.)

AU RAT!

11 décembre 1915.

Laissant à d'autres plus qualifiés et plus compétents le soin de traiter les grandes questions d'ordre diplomatique ou militaire, je poursuis mon humble tâche. J'ai la faiblesse de la croire utile. Je suis fortifié dans cette pensée par les encouragements que je reçois et qui concordent. Notre troupier se fatigue un peu des hymnes répétés à son héroïsme, à sa gloire, à son bonheur. Il cherche les bonnes volontés attentives à ses petites misères et à ses grandes souffrances. Il veut qu'on les connaisse, qu'on les dise, qu'on y porte remède. Quand il me les apprend, je me fais son écho.

Nous nous ingénions tous à l'Arrière à

rechercher ce que nous avons à faire au profit de l'Avant. Pour refouler l'Allemand, sauver la Serbie, châtier les Bulgares, surveiller la Grèce, déterminer la Roumanie, amener les troupes russes sur un flanc de l'ennemi et les armées italiennes sur l'autre, les conseillers et les dirigeants ne manquent pas; les uns disant ce qu'il faudrait faire, les autres cherchant ce qu'ils veulent. Problèmes qui me dépassent et à la solution desquels je n'apporterais aucune lumière. Mais signaler que les pieds gelés continuent de pourvoir nos hôpitaux ou que la vermine livre assaut à nos troupes, cela je le puis parce que c'est facile et je le dois parce qu'on ne s'en occupe pas assez. Avec ou sans compagnons je suis ma route.

Je recueille donc un appel qui vient de la tranchée, comme du cantonnement de repos. On y crie et je crie à mon tour : « Au rat! »

« N'est-ce que cela? » me direz-vous.

« Un rat, on le tue. » Vous croyez, en effet, que c'est simple. Vous avez vécu à la campagne. Vous avez un jour, en passant par la ferme, entendu ce cri de guerre : « Au rat! » Vous avez vu courir le bâton en main le garçon et la fille de ferme, suivis de tous les chiens lancés au galop. Un coup de trique ou un coup de croc : on l'a eu, le rat. Quand on fait la guerre aux Boches, va-t-on perdre son temps à faire la guerre aux rats?

Je crains, à votre dédain, que vous soyez mal renseigné sur cette engeance. Je vous en excuse. Avant l'été dernier, avant une journée et une nuit passées au mois d'août dans un petit village d'Artois, je ne savais pas ce que c'était que les mouches. J'ai failli en mourir de rage impuissante. Moquez-vous, mais écoutez.

Par l'effet d'une loi naturelle qui veut que la vermine aille à la charogne, les rats, attirés par les détritus de toutes sortes qui avoisinent les agglomérations de troupes, ont pullulé dans une proportion jusqu'ici inconnue. Avec le nombre, l'audace leur est venue. Ils grignotent les draps et les cuirs jusque sur le corps du troupier et il arrive que l'homme endormi sente autour de lui, sur lui le hideux grouillement. J'en sais un dont la lèvre a été dévorée pendant le sommeil de plomb qui suit une grande fatigue. Vite accoutumés au bruit de la fusillade, ayant éprouvé qu'elle fait parmi eux peu de victimes, les rats trottent sur le parapet, y rongent les déchets de viande que les hommes ont jetés hors de la tranchée, font leurs trous et leurs sapes, creusent leurs boyaux d'accès, font dégringoler la terre souillée sur la tête des hommes couchés et organisent leurs sarabandes. C'est odieux et dégoûtant. Faut-il s'y résigner comme au mal nécessaire? Je ne le crois pas.

Nos paysans et nos forestiers connaissent

ce genre d'invasion. Il se produit à la fin de
l'automne quand, les grains étant rentrés,
la plaine n'offre plus à ces maraudeurs
aucune nourriture. Ils se rapprochent alors
des habitations et y accomplissent leurs
ravages. Il y a des années à rats comme des
années à lapins. 1915 s'inscrit en tête des
années ratogènes, au moins dans la zone
des armées. Avisons.

Deux moyens : les pièges et le poison. Je
ne parle pas des chiens, qui font aux rats
plus de peur que de mal.

Des pièges, il faut savoir se servir, soit
pour ne pas s'y laisser prendre, soit pour
les placer aux bonnes coulées. Il n'y a pas
une compagnie où l'on ne puisse trouver
un ou deux gardes-chasse experts au pié-
geage. Le piège le plus sûr est peu coû-
teux : c'est une planchette de bois munie
d'un assommoir qui écrase la bête. Tous
les gardes connaissent la « tapette à rats ».

Le poison est plus expéditif. Il présente

un grave inconvénient, il risque de faire des victimes auxquelles il n'est pas destiné. On a alors cherché et trouvé des compositions qui fussent mortelles pour les rats et inoffensives pour les autres animaux. Le problème ainsi posé n'avait pas paru indigne de nos savants. Il y a quelque vingt ans, l'Institut Pasteur fabriquait et vendait un produit efficace. Puis, je ne sais pourquoi, la préparation fut négligée, et, l'Institut Pasteur ne fournissant plus qu'une drogue coûteuse et dépourvue d'effet, la clientèle déçue se détourna. Je crois que la fabrication a été abandonnée.

A la tranchée de première ligne, le danger du poison n'est pas à craindre. Les poules et les enfants ne doivent guère circuler entre les deux parapets. Il suffirait de quelques poignées de grains empoisonnés jetés en avant de la tranchée pour amener une destruction totale. Les rats ont en effet simplifié pour leurs morts la cérémonie des funérailles : ils les mangent. Un rat empoisonné en tue dix. Ce serait vite fait. Quelques grammes de strychnine y suffiraient.

Pour les cantonnements ce serait trop dangereux. Il faut revenir aux produits qui réservent aux rats seuls leurs effets mortels. Ils ont existé, ils peuvent renaître. Le ministre de l'Instruction publique a par décret reçu le titre supplémentaire de ministre des inventions intéressant la Défense nationale. C'est bien intéressant de protéger le sommeil des hommes et d'éviter la ruine des effets d'habillement et d'équipement de nos troupes. Le proverbe arabe dit vrai : « Mieux vaut un lion que dix chacals et mieux valent dix chacals que mille rats. »

Je ne commettrai donc aucune irrévérence en élevant mon appel jusqu'aux pouvoirs publics. Cela presse.

« Au rat ! monsieur le ministre. »

(Le Gaulois.)

AU POU!

20 décembre 1915.

L'autre exemple est tiré d'animaux plus petits.

Après les rats, je descends encore l'échelle des êtres. Je ne m'excuse plus de braver, pour le bien de nos troupes, vos répugnances. J'ai dit et répété mes intentions. Je ne cache pas que, cette fois, je subis, en outre, l'influence d'une poussée d'orgueil.

Un sergent que je ne connais pas m'écrit : « Le poilu a deux ennemis : le Boche et les poux. Pour le premier, rien à faire de vous; Joffre s'en charge. Mais voulez-vous être le Joffre du second ennemi ? »

Si je veux! Avec enthousiasme et bonne volonté. Pourrai-je? Autre affaire. L'ennemi est petit, mais innombrable et tenace.

Puis, le grade offert est bien haut. Franchir d'un coup tous les degrés de la hiérarchie des grades sans avoir été préparé par des études antérieures, sans avoir passé par aucune école de cette guerre spéciale : c'est hardi, c'est téméraire. J'essaie cependant et, de mon grand quartier, je lance, pour inaugurer mon commandement, l'ordre d'offensive générale.

Je ne le fais pas sans m'être préalablement renseigné sur les origines et les mœurs de l'ennemi. Voici les rapports de mes observateurs, dont le principal est un numéro du journal *la Nature* du 27 novembre dernier.

L'insecte qu'il s'agit d'exterminer n'est pas celui que, dans certaines campagnes inaccessibles aux préceptes de l'hygiène, on laisse exercer ses merveilleuses facultés de reproduction dans la chevelure des enfants, et dont la présence est considérée par les commères comme une garantie de bonne santé. Ce vilain animal, c'est le *pediculus capitis*. Ne le confondons pas avec son parent le *pediculus vestimenti*. C'est ce dernier seul, compagnon habituel des vagabonds les plus sordides, qui opère les ravages auxquels mon correspondant me somme de mettre un terme. C'est, si j'ose le nommer en français, le pou de corps.

Il a été étudié par les naturalistes. Il est à la gloire d'un Anglais d'en avoir pu réussir l'élevage. Entreprise dont la difficulté, essentielle à retenir, tient à ce que ce parasite meurt dès qu'il est quelque temps privé des émanations humaines. Sa devise n'est pas : « Je meurs où je m'attache. » C'est le contraire : « Je vis où je m'attache. Je meurs quand je me détache. »

Voilà qui doit nous aider à le combattre.

Il ne servira de rien de l'attaquer directement avec poudres ou solutions insecticides, de mettre en concurrence le chloroforme qui l'endort, la benzine qui le paralyse, l'anisol qui le tue. Il fuira les vapeurs toxiques, trouvera quelque refuge dans un pli de la chemise trop longtemps portée, y prendra un repos réparateur et en sortira ensuite pour accomplir avec une vigueur nouvelle ses prodiges de fécondité. Nettoyer la peau et mettre du linge frais : c'est fini. L'ennemi fait « Kamerades! » on le tient à merci.

C'est simple. C'est très difficile.

Dans la tranchée, c'est impraticable. Pendant tout le temps que les hommes s'y trouvent, aucun soin de propreté n'est possible. Ils sont emmitouflés, serrés les uns contre les autres, les pieds dans la boue gluante qui gagne les genoux et le corps, privés d'eau (ô ironie!) dénués de linge et astreints à une surveillance que rien ne doit distraire. Le *pediculus* a le champ libre.

Vient la relève. La section gagne le cantonnement de repos. Mais dans quel état y arrive-t-elle? Après un trajet de plusieurs heures, la nuit, dans les boyaux inondés, avec les à-coups continuels de la colonne en marche, l'homme atteint le but, harassé de fatigue. Il se laisse tomber, paquet mouillé, sur le sol et dort. Le *pediculus* n'a rien à craindre encore.

Mais quand le sommeil aura réparé les forces abolies, la chasse alors doit commencer. Elle ne sera fructueuse que si le chasseur a les armes nécessaires. Et voilà que se soulève tout entière la grosse question de l'organisation du cantonnement de repos, question vitale, digne de toute l'attention, de toute la vigilance des chefs, de tous les chefs, même du premier.

Dire cantonnement de repos, c'est dire « Repos ». Alors pas de marches, d'exercices ou de manœuvres inutiles.

Une des forces de l'Allemand consiste à s'installer, où qu'il arrive, comme s'il devait y passer la vie. Alors s'inspirer de cet exemple pour s'organiser au cantonnement en vue d'un séjour prolongé, laisser à chaque unité, autant qu'on peut, ses locaux, n'en pas permettre à d'autres l'occupation pendant le séjour aux tranchées, profiter de l'absence pour le nettoyage et la désinfection, le renouvellement de la paille de couchage, la préparation des braseros, l'approvisionnement d'eau, la constitution d'une petite lingerie…, etc…

Imaginez ce que serait la joie de nos « bonhommes » si, à l'arrivée, ils trouvaient de la paille sèche, de l'eau en abondance et même de l'eau chaude, les braseros allumés et du linge de rechange.

Ah! les parasites sous l'eau savonneuse et sous la douche passeraient un mauvais quart d'heure! Ils chercheraient le salut dans le linge sale. Vain espoir. Ce linge serait évacué vers l'arrière, où la main-d'œuvre nécessaire serait recrutée parmi les femmes pour la lessive et l'étuve. Et pendant que se jouerait au cantonnement une partie de barres ou de football, le dernier pou rendrait au loin la vie.

Rêve et chimère?

Ne dites pas cela. Vous donneriez à penser que la distance est trop grande entre cet idéal et l'état de choses présent dont j'ai préféré ne pas parler.

Ne dites pas cela. Ce serait une excuse facile à l'inaction résignée, au laisser-aller et au laisser-faire.

Ne dites pas cela. Quand on perfectionne chaque jour les moyens de tuer les hommes, on ne doit pas désespérer de trouver la manière de tuer les poux.

(Le Gaulois.)

LE BARREAU DE PARIS PENDANT LA GUERRE

15 décembre 1915.

L'année judiciaire 1914 s'était mal terminée, dans l'agitation, le tumulte et le scandale. Un procès criminel avait mis le feu aux poudres. La Cour d'assises s'était transformée en champ de bataille. A l'heure du verdict, les deux partis adverses s'étaient dressés l'un contre l'autre. Les passions se déchaînaient en clameurs furieuses et en attitudes menaçantes. Aucune autorité n'était plus capable de dominer le désordre. Les magistrats impuissants avaient abdiqué. Le Barreau mêlé au public, oublieux en ce moment des bruits inquiétants qui arrivaient de la frontière, donnait le désolant spectacle d'une profonde désunion qu'on aurait pu croire irrémédiable.

Il ne faut donc pas s'étonner que l'étranger, surtout l'ennemi, ait pu croire que cette Cour d'assises était en raccourci une image exacte de la France, divisée, déchirée, incapable de toute discipline. Beaucoup de Français purent craindre eux-mêmes que la fureur politique ne fît de leur pays une proie facile pour l'ennemi, puissamment organisé, qui, depuis de longues années, était prêt à se ruer sur lui et n'attendait que l'heure.

Cependant ces croyances et ces craintes se dissipèrent dès le premier jour. En ce moment tragique où elle dut faire face à l'agresseur, la France a, je le crois, étonné le monde. Subitement toutes les querelles furent oubliées, tous les regards se tournèrent vers l'ennemi, tous les bras se tendirent dans la même direction; les cœurs battirent à l'unisson, et la France se leva unie, fervente, disciplinée, pour la défense de son territoire envahi, pour le salut du droit et le respect des traités. Alors se fit réellement, sans calcul et sans arrière-pensée : l'*union sacrée.*

Ce n'est pas le moment de chercher si en certaines occasions, dans certains milieux politiques, ont continué à fermenter certains levains des vieilles querelles, des ambitions et des rivalités personnelles, des ostracismes et des méfiances injustifiés. Parmi cent raisons de n'en point parler, il en est une qui m'impose le silence. Je ne consens à témoigner que de ce que j'ai vu et entendu. Or ma vie s'est passée tout entière au Barreau ; elle s'y terminera. Je ne connais ni les hommes, ni les choses de la politique, sinon par ouï-dire. Je n'en saurais parler. Il en est autrement du Barreau.

C'est pour moi un orgueil et un plaisir d'affirmer, avec la force que donne la certitude absolue, que le pacte pieux de concorde et d'union n'a pas cessé, ni un jour, ni une heure, d'être parmi nous respecté.

A la fin du mois d'août 1914, quand les avantages de l'envahisseur furent tels que tout était à craindre, un grand nombre d'avocats, obéissant à une sorte d'instinct, regagnèrent Paris. L'exemple venait de haut. Le bâtonnier en exercice, mon ami M⁰ Henri Robert, était demeuré fidèlement à son poste. Les avocats se réunissaient à son cabinet. Là on discutait les craintes et les espoirs, mais toujours avec une fermeté pleine de confiance dans les destinées de la France, et tous, sans phrases, se déclaraient prêts à faire face à l'orage s'il venait à éclaper sur Paris. La tourmente passa et s'éloigna. La France entière debout au commencement d'août, Paris au commencement de septembre sont certainement les deux plus beaux spectacles que la vie m'ait réservés. De tout cœur je plains ceux qui, sans y être contraints, se privèrent du second.

Un mois après c'était la rentrée judiciaire. Ni magistrats, ni avocats ne s'étaient fait illusion sur la possibilité de reprendre normalement la vie judiciaire, après la solennité dont la date et l'appareil traditionnels avaient été, avec raison, conservés. Les jeunes avocats étaient aux armées. Beaucoup d'autres d'âge plus avancé avaient revêtu l'uniforme, et se trouvaient incorporés dans les services auxiliaires. Il n'y aurait que peu de procès. Il fallait donc se consacrer à d'autres travaux qui déjà se présentaient innombrables.

Les Parisiens se perdaient dans le dédale des décrets et des lois qui avaient réglementé précipitamment les relations juridiques des citoyens pendant la guerre. Il leur fallait un guide. Le Barreau s'offrit. Des consultations gratuites furent données à des nécessiteux par centaines et par milliers. Le chômage et l'infortune avaient fait de nombreuses victimes parmi les avocats de Paris et de province réduits à l'inaction, et surtout parmi ceux qui s'étaient vus forcés de fuir devant l'envahisseur. Le Barreau de Paris prêta son aide. Il ouvrit toutes grandes ses portes et parfois sa caisse à d'autres confrères consacrés par la souffrance, aux avocats de l'infortunée Belgique, victimes du plus inexpiable des crimes, de la violation cynique du traité de neutralité. « Périssent nos réserves, mais donnons encore, donnons toujours! » Telle fut notre devise. Telle elle restera.

Le Barreau de Paris organisa et il entretient avec une pieuse ferveur le culte de ses morts. Il n'est pas possible d'entrer à la bibliothèque, sans évoquer le souvenir de tant de vaillants jeunes gens qui ont donné leur vie à la patrie. Dès le seuil on voit un grand tableau entouré de palmes, où l'on inscrit les noms, jour par jour, en une liste qui va sans cesse s'augmentant. Déjà, on arrive presque à la centaine. Celui qui s'arrête aux noms peut voir que la mort semble avoir porté son choix sur les meilleurs et les plus brillants pour les passer au fil de son implacable faux.

Le mur qui fait face disparaît sous le texte des citations à l'ordre du jour dont furent honorés les jeunes combattants du Barreau de Paris. Fleurs de deuil et fleurs de gloire! Tel se présente en 1915 le Jardin de l'Ordre des avocats.

Si vous vous approchez des groupes, moins nombreux et plus rares qu'autrefois, qui se forment dans les galeries presque désertes, si vous vous mêlez aux conversations, vous n'y surprendrez jamais l'apparence d'une querelle, jamais une discussion qu'anime l'esprit de parti. Échange rapide de nouvelles sur les opérations militaires, sur les blessés, sur les morts et on se sépare cordialement et sans s'attarder. C'est qu'un hôpital réclame la présence de celui-ci; c'est que celui-là va faire une conférence à des blessés; c'est que l'un se dirige vers un atelier de mutilés; c'est que l'autre va visiter un dépôt de convalescents ou d'éclopés.

A demain la procédure. Aujourd'hui il faut vaincre. Oui, il faut vaincre pour que triomphe le Droit. Il faut vaincre pour que l'univers libéré puisse exercer sa justice, pour que les neutres à qui le bâillon allemand ferme la bouche recouvrent l'usage de la parole et rendent enfin la sentence inexorable contre la nation de proie qui a déchiré les traités, violé les frontières inviolables et couvert de sang innocent le sol de l'Europe.

Le jour de la victoire, on pourra dire que le Barreau de Paris y a contribué : les jeunes en donnant leur sang et leur vie; les vieux, inconsolables de ne pouvoir donner ni l'un ni l'autre, en faisant l'offrande de leur temps et de leurs efforts.

(Traduit en espagnol pour la revue *America Latina*.)

L'ACCOUTUMANCE

20 décembre 1915.

C'est un bien, mais il faut peu de chose pour qu'elle devienne un mal.

Elle nous a rendu et nous rend encore de précieux services. Elle a contribué, par son influence invisible et continue, à nous maintenir dans cet état de résistance morale qui provoque les étonnements un peu comiques de M. de Bethmann-Hollweg.

Si l'on nous avait dit, en août 1914, la durée de la guerre, les deuils qui s'ensuivraient, l'étendue que prendrait le conflit, nous n'aurions pas cru nous-mêmes que le Français, brave, ardent, impressionnable, ne se laisserait entamer ni par l'impatience, ni par les déceptions, ni par les épreuves, et qu'il se retrouverait, après dix-sept mois, inébranlable dans sa confiance et sa fermeté.

Tel est bien cependant le spectacle que nous offrons à l'univers surpris. Nous avons, à un ressort brillant et fragile, l'enthousiasme, substitué un levier lourd et résistant, la ténacité. Les agents de l'ennemi qui nous observent n'ont pas eu une fois l'occasion de signaler dans leurs rapports une échauffourée, un mouvement de la rue, ni même un cri isolé de révolte ou de plainte. La police n'a jamais goûté d'aussi paisibles loisirs. La population civile, si cruellement plaisantée, aura sa juste revanche quand l'impartiale Histoire distribuera ses éloges et ses blâmes. Elle aura sa part méritée des palmes et des lauriers.

L'accoutumance y est pour beaucoup. A tout on s'habitue, même à la souffrance, même à la douleur. Les premiers coups sont les plus durs, on sent moins ceux qui suivent. On voit de si beaux et de si nombreux exemples de vaillance stoïque de la part de ceux qui sont frappés qu'on se promet, le jour où l'on serait atteint à son tour, de faire l'effort nécessaire pour que, du cœur, les larmes ne montent pas aux yeux. C'est bien.

Mais prenons garde que l'habitude ne nous fasse franchir les frontières que nous assigne le devoir envers nos soldats, nos blessés et nos morts. Que nous reprenions progressivement nos occupations et notre travail, nous le pouvons, nous le devons. Ne nous laissons pas glisser sur la pente qui nous conduirait au plaisir. Si je m'inquiète, c'est qu'il y a des symptômes que rend sensibles la comparaison de l'année dernière et de celle-ci.

Souvenez-vous du beau Paris de la fin de 1914, si calme dans le péril, si digne dans la victoire. Quelle irréprochable tenue ! Quelle émulation d'assistance, de charité, de prévenance, jusque dans les plus insignifiants détails de la vie courante ! La politesse et l'urbanité s'étaient généralisées. Personne n'y manquait. Un homme se serait méprisé si, dans le métro, il était resté assis lorsqu'une femme était debout. Les charretiers eux-mêmes en étaient arrivés à oublier le vocabulaire traditionnel, en cas d'accrochage. Si, de la rue, on passait aux maisons, ce n'était que crochets et tricots assemblés, sans que nul rang de perles rompît la ligne des cous inclinés.

Et nos premiers blessés : souvenez-vous ! Quel respect dans la pitié ! Quelle déférence empressée autour d'eux ! Comme c'était délicat et tendre, ce geste qu'on avait enseigné aux enfants, le salut militaire devant les blessés !

C'est changé. Ce devait être. L'habitude. La guerre dure trop. Il faut bien vivre.

Soit ! mais sans gourmander personne, discrètement, je vérifie les freins. Il faut nous dire que nous sommes soumis au contrôle permanent, souvent sévère, de ceux qui ont le droit d'être exigeants, parce que l'habitude ne diminue pas leurs risques, n'allège pas leur pesant fardeau. Ils regardent, ils écoutent, ils se renseignent, nos permissionnaires et nos convalescents. Ils grognent parfois, nos grognards. Il ne leur suffit plus d'être traités de héros en première page de journal, si l'on discute à la troisième les mérites comparés du velours de soie et de la duvetine pour les robes de visite et de thé.

Aussi, quand je vois des autos trop somptueuses défiler, dans les Champs-Élysées, devant nos mutilés en promenade, quand la tunique déteinte et tachée d'un soldat frôle la jolie jupe ronde et courte d'une femme trop parée, ou quand s'illumine le soir, derrière les volets clos, toute une rangée de fenêtres, je n'ai pas à me demander ce que pensent ceux qui reviennent des tranchées et qui vont y retourner.

Je le sais. J'ai alors la tentation de compléter l'avis judicieux du ministre de la Guerre : « Méfiez-vous. Les oreilles ennemies vous écoutent... et les yeux amis vous observent. »

Ces yeux amis, où je voudrais n'avoir jamais à lire ni une plainte, ni un reproche, ce sont ceux des combattants qui nous ont sauvés hier, nous protègent aujourd'hui et nous jugeront demain.

(L'Intransigeant.)

MANIÈRE ALLEMANDE

28 décembre 1915.

J'ai sous les yeux deux documents instructifs. Ils remontent déjà à plusieurs mois ; je ne crois pas cependant qu'ils soient connus... Ils sont, en eux-mêmes et par le rapprochement, démonstratifs de la manière allemande.

Comment sont-ils sur ma table ? — Ils y sont, à proprement parler, tombés du ciel.

Les avions allemands ne sont pas seulement pour l'ennemi engins d'observation et de meurtre ; ils sont agents de propagande, tantôt grossière et tantôt habile. Avec les bombes et les torpilles, ils jettent dans nos lignes des papiers. Ce sont deux de ces projectiles imprimés qui, du front, sont arrivés jusqu'à moi.

L'un est un petit placard rose rédigé en mauvais français, l'autre un journal écrit aussi dans notre langue, mais du plus irréprochable style.

Le placard est adressé à nos troupes. C'est un appel à la désertion : « Soldats français, rendez-vous ! Soyez convaincus que les soldats faits prisonniers sont très bien traités chez nous », etc., etc.

C'est inepte, et les Allemands sont fixés sur la réponse qu'a reçue leur invitation.

Mais veuillez bien noter cette autre phrase, à laquelle je reviendrai :

« Soldats français, les Allemands ne font la guerre qu'au gouvernement français qui sacrifie vous et votre patrie à l'égoïsme des Anglais. *C'est vous qui devez tirer les marrons du feu pour les Anglais.* »

On connaît la thèse. Elle se présente ici sous la forme la plus brutale et la plus maladroite. Mais ce qui m'intéresse n'est pas le procédé d'exécution : c'est la consigne.

Nous la retrouvons dans le second papier, la *Gazette des Ardennes*, imprimée à Charleville, et largement distribuée par les Allemands dans nos départements occupés. Cette fois, le dédain ne serait plus à sa place. C'est, dans l'hypocrisie et la perfidie, la perfection même. Fond et forme se valent. Aucune violence de langage. Un respect affecté de la bravoure de nos troupes, une compassion émue et empressée pour nos prisonniers et nos blessés. Le fait à l'appui des mots. Jugez plutôt.

La *Gazette des Ardennes* pense à ces familles françaises plongées dans l'angoisse par l'incertitude où elles sont du sort des prisonniers en Allemagne. Elle s'apitoie. Il y a là un devoir d'humanité à remplir, auquel manque le gouvernement français, et qu'il appartient aux Allemands d'accomplir. La *Gazette des Ardennes* entreprend donc de publier la liste des prisonniers ; elle constate « l'intérêt croissant que ces listes trouvent auprès de la population française... Elle est persuadée de remplir ainsi vis-à-vis des familles un devoir humanitaire. On saura ainsi où se trouvent actuellement, sains et saufs, en Allemagne, ces prisonniers traités en adversaires ayant fait leur devoir ».

La *Gazette* y ajoute une liste de grands blessés rapatriés. C'est pour renseigner leurs familles, « qui ne sont pas fixées sur leur sort, parce que la République cache ses grands blessés, ne voulant pas qu'ils rentrent dans la vie de la nation, craignant que leur bouche, que la douleur a rendue sincère, ne révèle sur la façon dont ils furent traités en Allemagne un peu de cette vérité qu'on cache au peuple français dans le but de ne pas entraver le travail louche qui consiste à entretenir une haine aveugle contre le peuple allemand ».

Est-ce fait! « Le pauvre homme! » disait Orgon parlant de Tartufe. « Les braves gens! » devraient dire les lecteurs de ce bon journal.

Il est vrai que cela amène la *Gazette* à publier des pages de noms, à faire défiler sous les yeux du lecteur des borgnes, des aveugles, des paralytiques, des amputés. Mais qu'y voulez-vous faire? L'Allemagne est forte, si elle est humaine. Voilà les misères auxquelles on s'expose en luttant contre elle et en la provoquant. Car la guerre, n'est-ce pas? c'est l'Allemagne qui la subit; elle ne l'a ni cherchée, ni préparée, ni préméditée. Ce sont nos gouvernants qui, faisant inconsciemment le jeu des Anglais, nous y ont précipités. Toujours la thèse. Mais vous allez cette fois admirer le mode de démonstration.

Si on s'en tient à une affirmation, cela ne portera pas. Pour les gosiers les plus ouverts la couleuvre est tout de même un peu large et longue à avaler : elle ne passera point. Mais placez l'aveu dans la bouche même d'un Français de marque, d'un homme d'État ayant tenu en mains les destinées de son pays, investi pendant la guerre de mission officielle par le gouvernement, la preuve sera-t-elle faite? Eh oui ! se dit la *Gazette*, même pour les plus exigeants.

Une difficulté reste encore à surmonter. La *Gazette* aurait de la peine à expliquer qu'elle ait pu recevoir les confidences de cet homme d'État. Aussi imagine-t-elle de présenter ces propos comme ayant été recueillis par une revue sud-américaine dont le reporter avait été admis dans le « cercle intime » de l'illustre voyageur.

Maintenant on peut marcher. La parole est donnée au Français : il en use, sous ce titre : « L'Opinion de M. G... » (nom en toutes lettres).

« Notre guerre contre l'Allemagne est

une folie et un crime. Si je disais cela à Paris, je serais lapidé... *Nous autres Français, nous ne faisons que tirer les marrons du feu pour l'Angleterre...* Lorsque les Allemands nous accablèrent en août par leur marche rapide jusqu'à la Marne, je conjurai les dirigeants de la politique française de faire immédiatement la paix avec l'Empereur. Je suis certain qu'alors nous aurions pu avoir cette paix à bon marché.

« Maintenant, il est trop tard. L'Allemagne est invincible. Nous avons raté le moment... En août, nous avons commis une folie sans remède. »

Que ces propos n'aient jamais été tenus, qu'ils soient inventés de toutes pièces, il faut n'en pas douter. Mais, de l'autre côté de la tranchée, la *Gazette des Ardennes* ne craint pas les démentis. Elle ne prend pas, d'ailleurs, la responsabilité du récit qu'elle rejette sur la revue brésilienne dont elle donne le nom et la date.

Voyez comme tout cela est habilement combiné pour l'exécution de la consigne. Seul le bout de l'oreille apparaît, mais bien visible.

Avez-vous noté la petite phrase soulignée, identique dans le grossier placard et la subtile *Gazette*, sur les marrons tirés du feu? N'y trouvez-vous pas la manifestation de cette exacte discipline qui plie au même système, en faveur de la même propagande, en leur suggérant les mêmes phrases, l'auteur bochisant du placard rose et le rédacteur avisé de la *Gazette?*

« Français, on ne vous en veut pas. Vous êtes des niais, coupables seulement d'obéir au gouvernement imbécile ou criminel qui vous livre aux Anglais. Soldats, rendez-vous. Français, faites la paix. Nous ne vous la refuserons pas, nous attendons que vous la demandiez. »

Élevez encore ce langage de plusieurs degrés et vous aurez le dernier discours de

M. de Bethmann-Hollweg au Reichstag.

Le jeu devient clair. Je ne sais pas si l'Allemagne est épuisée. Il me suffit de savoir ce qu'elle veut, ce qu'elle a ordre de vouloir, pour être certain qu'elle y est intéressée et que nous devons vouloir le contraire.

C'est parce que toute l'Allemagne parle de la paix que par un accord unanime et tacite personne n'en parle en France.

(Le Gaulois).

FIN

TABLE DES MATIÈRES

	Pages.
AVANT-PROPOS.	III
Héros manqué.	1
Petite fleur.	8
Le mal d'attente.	13
Rentrée judiciaire.	18
Le fricoteur.	24
Je lève un régiment.	28
Aux embusqués.	33
P. P. C.	38
Un mauvais régiment.	43
Lettre ouverte à l'Institut de France.	48
Les décorations.	53
Lettre au directeur de la *Liberté*.	58
Amendement.	62
Ne parons pas l'uniforme.	67
Éloge de la censure.	72
Le cafard.	78
Où sont nos apaches?	83
Éclopés.	90
Dépôts d'éclopés.	96
Concert interrompu.	103
Le jeune barreau.	108
Masques.	113
Pro Lutetia.	118
Un bon guide.	123

Un mort à tuer	131
Vieille histoire	136
Enseignements	142
Apologue	147
Mᵉ Bétolaud	152
Une défaite	157
La sixième arme	165
Le péril noir	171
Tireurs de ciboires	178
Aux champs	184
Le ministre de la volonté	190
Pour les non-blessés	196
L'encaisseur	203
En permission	208
Nouveaux embusqués	214
Le cimetière aux armées	221
Dette à payer	227
Le 82ᵉ	233
Le civil	239
La vie chère	245
La crise des gaz	251
Les gaz et la censure	258
Légende et vérité	264
Les pieds gelés	272
Au rat !	279
Au pou !	286
Le barreau de Paris pendant la guerre	293
L'accoutumance	301
Manière allemande	307
Table des matières	317

PARIS

TYPOGRAPHIE PLON-NOURRIT ET Cie

Rue Garancière, 8

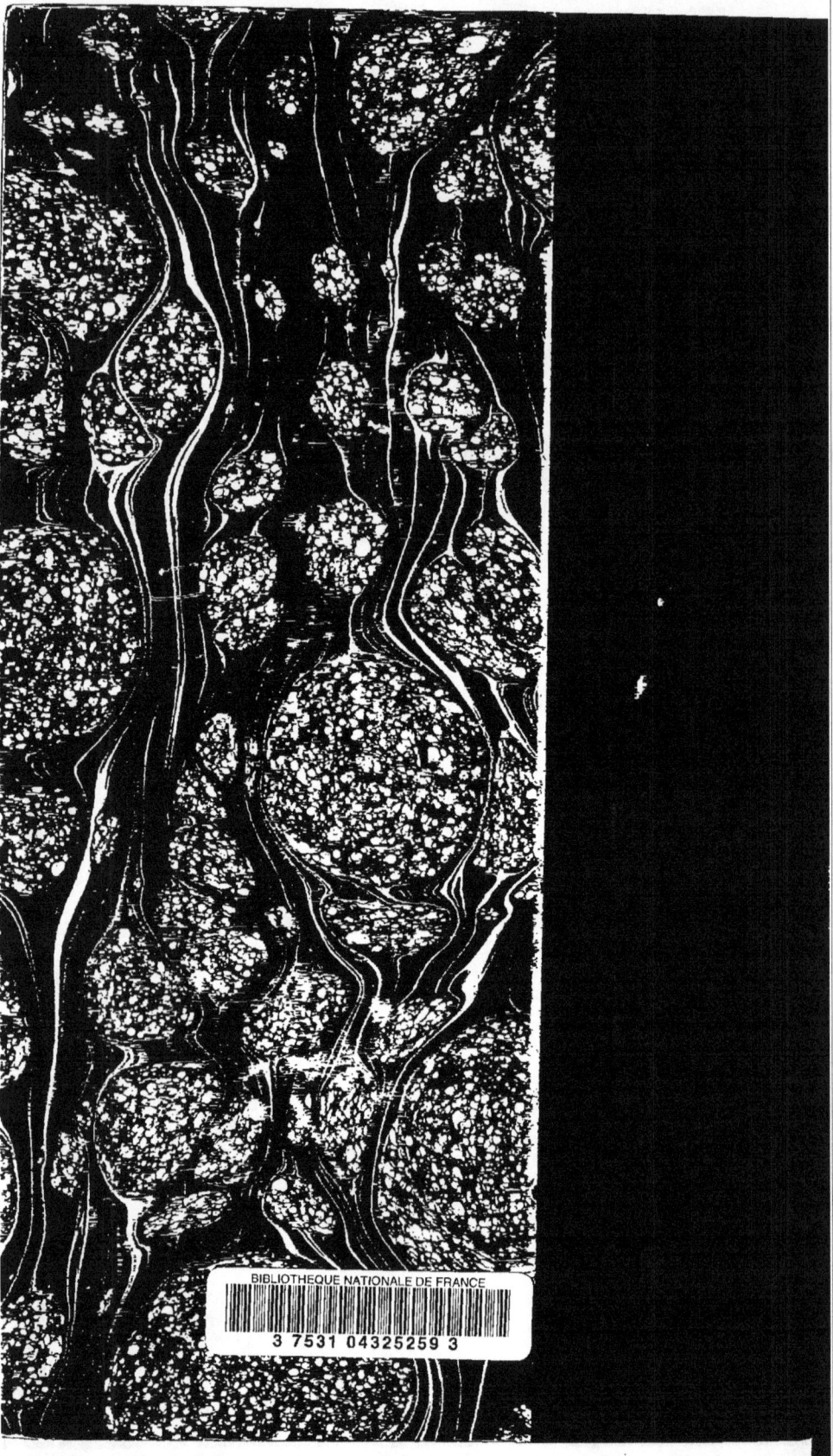

www.ingramcontent.com/pod-product-compliance
Lightning Source LLC
Chambersburg PA
CBHW072013150426
43194CB00008B/1095